体操競技の
バイオメカニクス

Tsuchiya Jun

土屋 純 [著]

講談社

まえがき

　この本を手に取られた皆さんは、体操競技というスポーツとどんな関わり を持っていらっしゃる方でしょうか。体操競技を観戦するのが好きだという 方、少し興味があるという方、体操競技に取り組む選手の方、それとも指導 者の方でしょうか。あるいは体操競技とまではいかなくても、学校体育で器 械運動を指導しなければならない教員の方、教員を目指している方でしょうか。

　本書はそうしたさまざまな方々に読んでいただけるように、小学校や中学 校の体育授業で行われる技や一般の方にも人気のある技を中心に、その技の 特徴や練習方法を紹介したものです。『体操競技のバイオメカニクス』と題し たように、技の特徴についてはバイオメカニクスの観点からできるだけわか りやすく解説しています。バイオメカニクス(＝生体力学)は人の運動につい て力学的に研究を行う学問領域です。スポーツ運動を対象とする場合は特に スポーツバイオメカニクスと呼ばれ、世界中で幅広く研究が行われています。 近年、体操競技に限らず、さまざまなスポーツにおいて新記録や新しい技が 報告されていますが、スポーツバイオメカニクス研究はこうした競技力の向 上に大きく貢献しています(本文174〜176ページのコラム参照)。

　ところで、体操競技は選手や指導者以外の多くの方にとって、身近に感じ ることが難しいスポーツかもしれません。体操競技の大会をテレビで観て興 味を持ったとしても、日常の生活では決してやることがないバク転や宙返り、 け上がりや大車輪といった技は、「ちょっと気軽にやってみよう」という気に はならないのがふつうです。しかも仮にさまざまな技を練習しようと奮起し たとしても、一般の方にとって体操技を練習できる施設はほとんどありませ ん。また、「なんであんなことができるのか」「とても人間業(わざ)とは思え ない」「自分とは別世界の人たちだ」と考える方も多いでしょう。小学校でマッ ト運動や鉄棒、跳び箱をやったけれど、うまくできなかった経験をお持ちの 方であれば、なおさらそう思われるかもしれません。学校体育において、体 操競技で行われる種目や技を教材とした器械運動を指導する教員の方には、 器械運動は教えにくいという印象をお持ちの方が多いようです。

　そんな体操競技ではありますが、簡単なことから徐々に難しい運動を覚え ていくという手順は、他のスポーツとまったく同じです。2回宙返り2回ひ ねりや3回宙返りといった難しい技を行っているトップレベルの選手でも、 最初は何もできなかったのです。そして、おそらくすべての選手が最初に練 習した技は、皆さんもよく知っている、そして実際にやったことがある、マッ

ト運動の前転（でんぐり返し）です。「前転は簡単だからうまくできなくても大丈夫」と高を括り、十分な理解や習得ができなければ、その先には進めません。何事も基本が肝心なのです。前転を上手に行うためには、よい前転とはどんな前転なのか、どうやってそれを練習したらよいのかを知る必要があります。ところが、こうしたことを知らずに前転ができると思っている方が多いのが事実です。

　かくいう私も、小学生の頃に塚原光男選手が世界ではじめて発表した、いわゆる「月面宙返り」を見て仰天した一人です。空中でくるくる回っているのはわかっても、何がどうなっているのか理解できず、それこそ「人間業じゃない！」と思っていました。それまで体操競技とはまったく接点がなかったのですが、自分でもあんなことができるのならやってみたい、と強い好奇心を抱き、中学校の校庭や自宅近所の神社にあった鉄棒で同級生と一緒に毎日必死にけ上がりを練習した、当時はどこにでもいる中学生でした。体操競技の部活動がある高校を探して入学し、その後大学まで選手をつづけましたが、選手といえるような実績はまったくありません。練習のやり方もよくわからず、少しも上達できませんでした。それでも、高校・大学・大学院において多くの素晴らしい先生、先輩、仲間の方々に、体操競技はもちろん、バイオメカニクスやコーチングなど、たくさんのことを教えていただいたおかげで、大学で体操競技や器械運動を教える教員となり、これまで30年ほど指導をつづけてきました。

　本書はそんな私に講談社サイエンティフィクの五味研二さんが声をかけてくださったことで生まれました。五味さんはお子さんが通う体操教室で鉄棒に魅せられ、近所の公園の鉄棒において独学でけ上がりを習得されたという変わった方です（失礼！）。はじめて五味さんが私を訪ねて来たときには、五味さんはともえ（本文117ページ参照）の練習中だったようで、ともえについて細かい質問を受け、はじめて会ったという感じがしなかったことを覚えています。その五味さんの体操競技に対する熱い思いにほだされ、というよりもうまく乗せられ、本書を執筆することになりました。五味さんにはこのような機会をいただいたことに心から感謝申し上げます。

　本書が、体操競技のファンの方々には観戦の際の手助けに、選手や指導者、教員の方々には技の理解と練習や指導の手助けになれば幸いです。

2021年5月
土屋　純

第4章 ゆかの基本技の科学
前転からバク転・前宙・バク宙まで

第5章 鉄棒の基本技の科学
前回りからけ上がり・ほん転倒立・懸垂振動技まで

第 6 章　跳び箱（跳馬）の基本技の科学
開脚とびから転回とびまで

第 7 章　その他の男子競技種目の基本技の科学
あん馬・つり輪・平行棒

第 8 章　その他の女子競技種目の基本技の科学
段違い平行棒・平均台 …… 151

第 9 章　連続技・高難度技の科学 …… 155

第 10 章　技をきれいに見せるために …… 167

第1章

体操競技の特性
および歴史

体操競技の特性

　体操競技は、選手が行った演技を審判が採点し、その点数の大小によっ
て勝敗が決する採点競技です。具体的な採点の方法は国際体操連盟が定め
る採点規則によって決められており、この採点規則はおよそオリンピック
競技大会(以下、五輪)の周期ごとに改定されてきました。2004年のアテ
ネ五輪までの採点規則では、演技の点数の上限は10点でした。それまで
も幾度となく採点規則は改定されてきましたが、長らく10点満点で演技
が評価されていたことは、一般の多くの方々もご存じでしょう。これが
2005年の改定で、演技全体の得点は演技の内容に関する点数(Dスコアと
呼びます)と、その出来栄えに関する点数(Eスコアと呼びます)に分けて
評価されることになり、10点満点制の廃止という大きな変更がなされま
した。詳しい採点方法については第10章で紹介します。
　しかしながら、こうした変更がなされたからといって、体操競技で競わ
れること、すなわち体操競技の特性が変わったわけではありません。いつ
の時代でも体操競技で競われることは「どれだけ難しいことを行ったか」
と「どれくらいうまく行ったか」の二つです。金子(1974)はこれらをそ
れぞれ「非日常的驚異性」と「姿勢的簡潔性」という言葉で表現しました。

体操を考案したのはドイツのフリードリッヒ・L・ヤーン(1778～1852)で、国家再建を目的として器具を用いた体操を若者に広めました。「ドイツ体操の父」と呼ばれています。

1

体操競技の歴史

　体操競技の種目は、主としてドイツのヤーンが1811年にベルリン近郊のハーゼンハイデに開設した体操場に設置された器具が源流といわれます。とはいえ、すべての器具をヤーンが考え出したというわけではありません。例えば、あん馬や跳馬はローマ帝国時代から乗馬の訓練用に用いられてきた木馬がそのルーツです。

　体操競技の男子6種目、女子4種目が現在のように固定されたのは、1952年の第15回五輪(ヘルシンキ)からです。それ以前は、例えば1896年の第1回五輪(アテネ)では、男子のみで8種目(鉄棒、平行棒、あん馬、つり輪、跳馬、平行棒団体、鉄棒団体、クライミングロープ)が、1903年に行われた第1回世界体操競技選手権大会(アントワープ)では、これも男子のみですが、体操競技の器具のほか、陸上短距離、走高跳、走幅跳、棒高跳、砲丸投げ、ウエイトリフティング、クライミングロープも行われています。女子の体操競技は、五輪では1928年の第5回五輪(アムステルダム)で公開競技として、1936年の第6回五輪(ベルリン)から正式競技として行われています。世界選手権大会では1934年の第10回大会(ブダペスト)から行われています(田川、1984)。

　松本(1991)によれば、女子の種目でも、1936年のベルリン五輪では男子のように二本の棒の高さが同じ平行棒が、また1950年まではフライングリング、つまり振動つり輪が採用されていたなど、かつては男子と同じ種目が存在していました。鉄棒や平行棒で男子顔負けの技を披露した女子選手もいたようです。しかし、現在では受け入れられないことかもしれませんが、「女性らしさ」が求められた時代背景があり、男子より少ない種目数、上半身に負担がかかりすぎない種目という配慮があって、現在の種目に固定されたものと思われます。

学校体育における器械運動およびその変遷

　小学校や中学校の体育館には、必ずと言ってよいほどマットや跳び箱が、そして校庭には鉄棒が備えられています。これは学校で実施される各教科の指導内容を定めて、文部科学大臣が公示する「学習指導要領」において、体育という教科ではこうした器具を使った運動を行うことが定めら

れているからです。マットや跳び箱、鉄棒、あるいは平均台を使って技を覚える領域は、平成29年（2017年）に告示された小学校学習指導要領における体育では、「体操競技」あるいは「体操」ではなく、小学校１、２年生までは「器械・器具を使っての運動遊び」、３年生以降では「器械運動」と呼んでいます。

　現在の学習指導要領は、器械運動において、小学校では「マット運動」「鉄棒運動」「跳び箱運動」、中学校・高等学校ではこれらに加えて女子の「平均台運動」を、小学校から中学校１、２年生まではすべての児童生徒が行うことと定めています。中学校３年生以降は、例えば陸上競技や水泳、ダンスなどの他の運動領域を含めた中から選択して行うようになっています。こうした器械運動を中学校３年生から必修ではなく選択の中に含める方針は、昭和52年（1977年）に告示され昭和56年（1981年）から施行された中学校学習指導要領と、昭和53年（1978年）に告示され昭和57年（1982年）から施行された高等学校学習指導要領以降は明文化されています。小学校の頃には体育で必ずマットや鉄棒をやったけれど、高校では器械運動をやった記憶がないという方も大勢いらっしゃるのではないかと思います。

　器械運動という用語が学習指導要領で使われるようになったのは、体育にとっての最初の学習指導要領である昭和24年（1949年）の学習指導要領小学校体育編からです。それより２年前の昭和22年（1947年）には学習指導要領一般編（試案）がつくられていますが、体育という教科の学習内容は、学習指導要領ではなく同じ年につくられた学校体育指導要綱によって定められました。この学校体育指導要綱は小学校、中学校、高等学校の体育の学習内容を定めていますが、ここには器械運動という用語は用いられていません。昭和24年（1949年）の学習指導要領（小学校体育編）で使用された器械運動という用語は、昭和28年（1953年）の小学校学習指導要領体育科編では使用されませんでしたが、昭和33年（1959年）の小学校学習指導要領体育編で再び使用されるようになり、それ以来現在まで使われつづけています。中学校学習指導要領では昭和33年（1958年）版から、高等学校学習指導要領では昭和45年（1970年）版から、器械運動という用語が用いられています。それ以前の中学校と高等学校の学習指導要領では、その後の器械運動で扱われる内容を含む領域に、「功技」という用語が用いられています。

振動つり輪はつり下げられた輪を空中ブランコのように揺らし、そこでさまざまな運動を行う種目、クライミングロープはつり下げられた太い縄を登る速さを競う種目でした。

学校体育指導要綱や学習指導要領では、器械運動とは別に、体操、器械体操あるいは徒手体操という用語も用いられてきました。昭和22年（1947年）の学校体育指導要綱では、体操という運動の種別に徒手と器械という二つの形式が示されています。すなわち、徒手体操と器械体操です。器械体操は現在の器械運動と同じように、マット、跳び箱、鉄棒で行う技の習得を目指す領域を指し、一方の徒手体操は、「腕の屈伸・脚の屈伸」「くびの屈・くびの転・くびの回旋」「胸の伸展」「体の前後屈・体の前後倒」のように、身体のさまざまな関節の曲げ伸ばしを行う運動の総称として用いられました。昭和24年（1949年）版の学習指導要領では徒手体操という名称はそのまま用いられ、昭和43年（1968年）版で体操という名称に変わります。その後、平成10年（1996年）版の学習指導要領で「体つくり運動」となるまで、体操という名称が使用されつづけます。

　競技スポーツで体操といえば体操競技のことですが、学校体育で体操といえば、「身体を全身的、部分的に動かし、筋力・調整力を養う」（昭和43年版学習指導要領）運動を指すのです。

いつから体育の授業で体操が始まったのか

　1700年代後半から1800年代前半にかけてヨーロッパ各国で起こり、その後多くの人々が取り組むようになった「体操」が日本に入ってきたのは、江戸時代末期のことのようです。明治36年（1903年）に、現在の日本体育大学の前身である日本體育會が発行した『日本之體育』という書物に次のような記述があります。

　「幕府ノ末、諸藩競ウテ洋式ノ兵制ヲ採用シ、新兵ノ訓練ヲナスニ、先ズ體操ヨリ始ムルニ至レリ、是レ我ガ國ニ西洋式體操ノ入リシ始メナリ。」

つまるところ、1853年のペリー来航を契機とした尊王攘夷運動の高まりにより江戸幕府は揺らいでいきますが、国内諸藩は軍事力を高めるためにまず西洋の体操を導入したというわけです。ただし、当時の体操は単なる柔軟体操でした。その後、明治政府が組織され、日本初の国軍である近衛兵や鎮台が明治4年（1871年）に召集された際、各兵営（軍人が集団で居住する地域）に鉄棒、棚、手摺、木馬などを設置したとされています

図1-1　日本體育會発行『日本之體育』の表紙（左）および当時の「鉄棒」と「棚」の写真（右）
［日本體育會 編：日本之體育、育英会（1903）］

（図1-1）。鉄棒は今の鉄棒とさほど変わりありませんが、「棚」は数本の木の柱の上にすのこ状の台を設置したもので、この台の上で倒立をしたり、台に上る運動をしたりしていたようです。「手摺」は高さの違う二本の平行な棒を設置したもので、現在の平行棒の二本の棒を異なる高さに配置したものです（松本、1991）。

　昭和56年（1981年）に当時の文部省がまとめた『学制百年史』を参考に、日本の近代日本の教育制度、特に体育という教科の変遷をおさらいしてみます。日本の近代的学校制度を定めた最初の教育法令は明治５年（1872年）に頒布された「学制」ですが、ここで初等・中等・高等教育機関（小学校、中学校、大学）の設置が定められました。このうち小学校では、綴字、習字、修身、算術、唱歌などとともに体術が計14個の教科の一つにあげられました。ところがこの学制にもとづいて各教科の実施内容や方針を定めた文部省版の「小学教則」（明治５年）の教育内容は当時の社会の実情にそぐわなかったため、文部省は明治５年に東京に創設された直轄の師範学校に、小学校の教育内容を編成するよう指示を出しました。これによって明治６年（1873年）につくられたのが、師範学校版の「下等小学教則」と「上等小学教則」です。この師範学校版下等小学教則によると、下等小学（６歳から９歳まで）の教科は読物・算術・習字・書取・作文・問

学習指導要領は小学校、中学校、高等学校などごとに各教科の目標や大まかな教育内容を定めたものです。加えて、科目によっては400ページにも及ぶ「解説」もあります。

答・復読・体操の八つでした。学制でいう体術や、師範学校版教則の体操が、現在における「体育」の前身といえましょう。明治12年(1879年)に学制が廃止されて公布された「教育令」や、教育令が廃止されて明治19年(1886年)に公布された「学校令」の下でも、体操という教科名は使われつづけ、大正を経て昭和まで引き継がれます。その後、昭和16年(1941年)4月の国民学校令の施行によって、教科名が体錬科へと変更されます。昭和16年といえば、12月に太平洋戦争が勃発する年ですから、「教育目的に国家主義的色彩が濃厚に加味された」(『学制百年史』)結果、体操は武道とあわせて体錬科になったというわけです。第二次世界大戦後、昭和22年(1947年)3月に制定・公布された「学校教育法」によって、現在と同じ「体育」という教科名が使われるようになりました。

　今でも体育のことを体操といったり、体育で着用する体育着を体操着といったりするのは、こうした歴史の名残であると思われます。

　学習指導要領などによって定められた小学校における体育の授業内容の変遷を表1-1に、中学校、高等学校における現在の授業内容を表1-2にまとめました。

表1-1　学習指導要領などで定められた小学校の体育の授業内容の変遷

年	領域/学年		1, 2年	3年	4, 5, 6年
昭和22年 (1947年)	体操	徒手	遊戯として行う	○	○
		器械		○	○
	遊戯	遊戯	○	○	○
		球技	遊戯の中で行う	○	○
		水泳	水遊びとして行う	○	○
		ダンス	表現遊びとして行う		○
	衛生		○	○	○

年	1, 2年	3, 4年	5, 6年
昭和24年 (1949年)	模倣物語り遊び		―
	―	―	徒手体操
	鬼遊びリレー		陸上運動
	器械遊び		器械運動
	ボール遊び		ボール運動
	水遊び		水泳
	リズム遊び		リズム運動
	雪遊び	スキー遊び	スキー

年	1,2年	3,4年	5,6年
昭和28年 (1953年)	力試しの運動	力試しの運動	
		徒手で	
	固定施設を使って遊ぶ	器械・器具を使って	
	—	—	徒手体操
	—	リレー	
	ボール運動		
	リズムや身振りの遊び		リズム運動
	鬼遊び		
	水遊びや雪遊び	水泳，スキー，スケート	
昭和33年 (1958年)	徒手体操		
	器械運動		
	陸上運動		
	ボール運動		
	リズム運動		
	その他の運動		
	—		体育や保健に関する知識
昭和43年 (1968年)	体操		
	器械運動		
	陸上運動		
	水泳		
	ボール運動		
	ダンス		
	—		保健
昭和52年 (1977年)	基本の運動		体操
		器械運動	
	ゲーム		水泳
			陸上運動
			ボール運動
		表現運動	
	—		保健
平成元年 (1989年) 平成10年 (1998年) 平成15年 (2003年)	基本の運動		体操
		器械運動	
		水泳	
	ゲーム		陸上運動
			ボール運動
		表現運動	
	—	(保健) (平成10年および15年)	保健 (平成元年)

徒手とは「手に何も持たないこと。素手。」という意味です。したがって、徒手体操は「器械を使用せず、自由に身体各部を動かして行う体操」という意味です。

年	1,2年	3,4年	5,6年
平成20年 (2008年)	体つくり運動		
	器械・器具を使っての運動遊び	器械運動	
	走・跳の運動遊び	走・跳の運動	陸上運動
	水遊び	浮く・泳ぐ運動	水泳
	ゲーム		ボール運動
	表現リズム遊び	表現運動	
	―	保健	
平成29年 (2017年)	体つくりの運動遊び	体つくり運動	
	器械・器具を使っての運動遊び	器械運動	
	走・跳の運動遊び	走・跳の運動	陸上運動
	水遊び	水泳運動	
	ゲーム	ゲーム	ボール運動
	表現リズム遊び	表現運動	
	―	保健	

表1-2　学習指導要領で定められた中学校、高等学校の現在の体育の授業内容

領域／学年		中学1年	中学2年	中学3年	高校1年	高校2年	高校3年
体つくり運動		○	○	○	○	○	○
器械運動		○	○	これらから1以上	これらから1以上	これらから2以上	これらから2以上
陸上競技		○	○				
水泳		○	○				
ダンス		○	○				
球技	ゴール型	○	○	球技・武道から1以上	球技・武道から1以上		
	ネット型						
	ベースボール型						
武道	柔道	うち1	うち1				
	剣道						
	相撲						
体育理論		○	○	○	○	○	○

スキー、スケートや水辺活動などを積極的に行う

近年の子どもの運動能力低下（二極化）

　かつては毎年10月の体育の日頃に新聞紙面やネットのニュースで紹介されていましたのでご存じの方も多いと思いますが、日本全国の6歳から79歳までの男女を対象とした「体力・運動能力調査」がスポーツ庁に

よって行われています。この体力・運動能力調査は、東京五輪が開催された昭和39年（1964年）以来、途中調査対象者の拡大や測定項目の変更はあるものの、毎年実施されてきました（スポーツ庁発足以前は文部省体育局、文部科学省スポーツ・青少年局が調査主体）。長い歴史をもった調査ですから、現代の子どもたちの体力や運動能力の特徴が過去と比べてどう違うのかを知る貴重な資料となっています。

　令和元年（2019年）10月に公表された平成30年度（2018年度）の調査に関するスポーツ庁の報道発表資料では、6歳から19歳の青少年において、「平成30年度の握力、50ｍ走、持久走、立ち幅とび、ボール投げを、水準の高かった昭和60年頃と比較すると、中学生男子及び高校生男子の50ｍ走を除き、依然低い水準」と報告されています。体力・運動能力調査で行われる子どもを対象とした体力テストの成績は昭和60年（1985年）頃にピークがあり、それ以降低下しつづけましたが、平成10年（1998年）頃にようやく下げ止まり、以後上昇傾向であるとされています。上昇傾向といっても、昭和60年頃のレベルにまでは達していません（図1-2）。

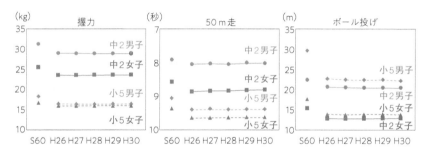

図1-2　体力・運動能力調査結果の推移
　　　　ボール投げは、小学生ではソフトボール投げ、中学生ではハンドボール投げ。

　青少年の体力・運動能力の低下は、「将来的に国民全体の体力の低下につながり、生活習慣病の増加やストレスに対する抵抗力の低下など健康に不安を抱える人々が増え、ひいては社会全体の活力が失われる事態が危惧され」（文部科学省・子どもの体力向上のための総合的な方策について（中央教育審議会答申））ることから、国の政策にもこれを改善する施策が盛り込まれてきました。例えば、平成12年（2000年）に文部大臣告示として策定されたスポーツ振興基本計画においては、「子どもの体力について、ス

2013年9月の国際オリンピック委員会総会における2020年東京大会の開催決定を受けて、2015年10月にスポーツ庁は誕生しました。

ポーツの振興を通じ、その低下傾向に歯止めをかけ、上昇傾向に転ずることを目指す」とする子どもの体力向上のための方策が掲げられました。また、翌平成13年（2001年）の中央省庁再編によって設置された文部科学省の町村信孝初代大臣が中央教育審議会に対して、「次代を担う子どもたちの生きる基礎となる体力が低下傾向にあることは極めて憂慮すべきことである」として、子どもの体力向上のための総合的な方策を諮問しています。また、平成23年（2011年）に制定された「スポーツ基本法」を踏まえて平成24年（2012年）に文部科学省で策定されたスポーツ基本計画でも、子どものスポーツ機会を充実させることによって子どもの体力を昭和60年頃の水準以上とすることが目標とされています。

　このように子どもの体力テストの成績は昭和60年（1985年）頃に高い水準であったとされていますが、実は子どもの体力・運動能力の低下については1970年代終わり頃には言われ始めており（宮下、1980）、体力・運動能力の低下の大きな原因として、子どもの運動不足が1980年代中頃にはすでに問題視されていたのです（武藤、1985および武藤ほか、1985）。子どもの体力・運動能力の低下は、長い間わが国の大きな社会問題でありつづけていると言ってよいでしょう。

　さて、現代の子どもの運動習慣がどれほどなのかについては、スポーツ庁が行っているもう一つの調査である「全国体力・運動能力、運動習慣等調査」が明らかにしています（図1-3）。この調査では全国のすべての小学校5年生と中学校2年生に、体育の授業以外でどれだけ運動をしているかを尋ねています。令和元年度の報告（平成30年度に行われた調査の報告書）によれば、1週間の総運動時間が420分（1日平均1時間）以上の小学校5年生は、男子で51.0％、女子では30.0％でした。1日1時間以上の運動は、世界保健機関（WHO）が子どもの健康づくりのために推奨していることです。一方、1週間の総運動時間が1時間に満たない児童は、男子で7.6％、女子では13.0％でした。これが中学校2年生になると、1週間の総運動時間が420分以上の生徒は、おそらく部活動の影響もあって男子で82.1％、女子で67.5％と増えるのですが、1週間に1時間も運動をしない生徒は、男子で7.5％、女子ではなんと19.7％もいました。

　この調査では、1週間の総運動時間が420分以上の子どもの体力テストの成績は、420分未満の子どもに比べて高いことも報告されています。運動をたくさん行う子どもと運動をあまりしない子ども、体力や運動能力が

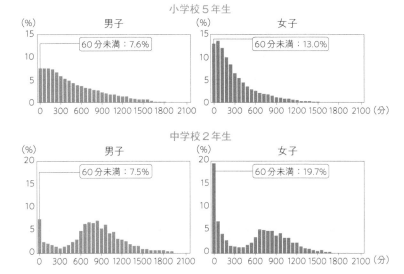

図1-3　小学校5年生、中学校2年生の1週間の総運動時間
体育・保健体育の授業時間は除く。「令和元年度全国体力・運動能力、運動習慣等調査報告書」より。

高い子どもと低い子どもといった「二極化」が進んでいることは、たびたび指摘されているとおりです。

　運動をすることによって体力や運動能力が高まり、それがもちろん将来にわたる健康的な生活につながるわけですから、運動習慣をつけることはとても大切です。生活習慣病や要介護あるいは認知症の予防に運動が効果的であることは、すでに広く知られていますので、図1-4上のように特に50代後半以降の中高年の間では運動習慣をもつ方が増加しています。これに付随するように、そうした年代の体力レベルも年々向上していることが報告されています（図1-4下）。

　こうした報告からは、「元気な中高年」の様子がうかがえますが、一方で青少年は、年齢が上がるにしたがって運動を実施する時間が減少していきます。特に先ほどの小学校5年生や中学校2年生の調査結果のように、女子でその傾向が強くなっています。

　平成29年度の体力・運動能力調査報告書では、幼児期に外遊びをよくしていた子どもは小学生になっても日常的によく運動をして体力レベルも高いことが報告され、「幼児期に外で体を動かして遊ぶ習慣を身につける

「スポーツ基本法」は昭和36年（1961年）に公布された「スポーツ振興法」を全面改訂してつくられた法律で、「スポーツ立国の実現」を目指すことをうたっています。

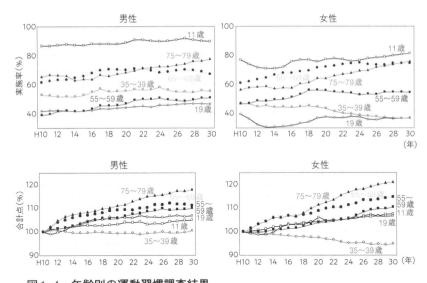

図1-4　年齢別の運動習慣調査結果
（上）スポーツ運動を「ほとんど毎日」あるいは「ときどき」実施していると答えた人の割合。（下）体力・運動能力および体力合計点の年次推移。「平成30年度体力・運動能力調査の結果について」より。

ことが、小学校入学後の運動習慣の基礎を培い、体力の向上につながる」と指摘しています。

「子どもの運動能力は幼少期に決まる」は本当か

　子どもの頃に運動をすることは、生涯にわたる運動習慣をつけるうえで大切なだけではありません。図1-5は有名なスキャモンの発育曲線です。多くの方がご存じでしょう。スキャモンの発育曲線は、人間のさまざまな臓器を四つの型に分類して、それらの発育量を20歳のときの発育量を100％として示したものです。四つの型のうち、一般型には身長や体重が含まれ、S字状のカーブを描いています。12歳頃から身長や体重がぐっと大きくなる第二次成長（性徴）期は誰もが経験していることです。神経型には脳や眼球といった神経系の臓器が含まれますが、その発育は10歳くらいまでにほぼ100％に達しています。100％発育しているとは、例えるならば柔らかかった粘土が固まるようなものです。粘土が柔らかいうちであればさまざまな形に変形させることができますが、硬くなってしまっては

形を変えることはできません。同じことは人間の神経系にもあてはまりますから、運動においてもきわめて重要な意味をもちます。さまざまな運動を繰り返し経験することによって、神経系への働きかけが起こり、そうした運動を身につけ、器用な身のこなしができる能力が備わるのです。その器用な身のこなしの能力を身につけるのにもっとも適した時期が10歳以下であり、特に幼児期の運動経験がその後の運動能力の発達に重要な意味をもつことがさまざまな研究によって明らかにされています。

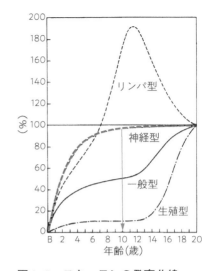

図1-5　スキャモンの発育曲線
神経系の発育は10歳くらいまでにほぼ100％に達している。

　スキャモンの発育曲線からも明らかですが、人間の運動にかかわるさまざまな能力は、生まれてから成人に至るまでの間に、一様に右肩上がりで発達していくというわけではありません。宮下（1980）は、器用な身のこなしの能力、すなわちたくみさは、先ほど述べたように幼少期から少年期までの間に、有酸素能力といわれるねばり強さは中学生頃に、そして筋力や筋パワーといった力強さは第二次成長期以降に大きく発達することを報告しています（図1─6左）。このように、運動にかかわるさまざまな能力は、その発達が著しい時期が異なって

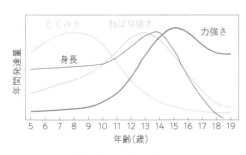

発達の著しい器官	年齢の目安	主眼
神経・筋系	11歳以下	上手になること
筋・呼吸循環器系	12～14歳	ねばり強くなること
筋・骨格系	15～18歳	力強くなること

図1-6　（左）運動技能と体力の発達および（右）それにもとづいた各年齢における望ましい働きかけ
［宮下充正：子どものからだ、東京大学出版会（1980）］

子どもの体力・運動能力低下は欧米でも問題です。そもそも体育が学校の授業になったのは約300年も前のドイツにおける子どもの運動能力低下が原因といわれています。

いるのです。宮下はまた、それぞれの能力を高めるためにはそれぞれの能力の発達が著しい時期にその発達を促す働きかけをすべきであると提唱しています（図1-6右）。

第**2**章

バイオメカニクスの基本

さまざまな運動動作に必要な筋肉と体操において必要な筋肉

　さまざまなスポーツの運動でも、体操における運動でも、身体の関節が筋肉の収縮によっていろいろな方向に動くという点に違いはありません。ここではまず身体のあちこちの関節と、それを動かす代表的な筋肉について簡単に見ておきましょう（図2-1）。

　走ったりジャンプしたりする際には脚で地面を蹴ることが求められますが、こうした運動では下半身の関節を動かす筋肉による筋力発揮が必要です。下半身の代表的な関節は、股関節、膝関節、足関節です。股関節の屈曲時に作用する代表的な筋肉は腸腰筋や大腿直筋、伸展時は大殿筋やハムストリングと総称される筋群です。膝関節の屈曲にはハムストリング、伸展には大腿四頭筋、足関節の背屈（伸展）には前脛骨筋、底屈には下腿三頭筋が作用しています。

　一方、上半身の代表的な関節は、肩関節、肘関節、手関節です。肩関節の屈曲（脇を開く）動作には三角筋や大胸筋、伸展（脇を閉じる）動作には広背筋、三角筋、大円筋、小円筋といった筋肉が働きます。肩関節の動作には屈曲・伸展のほかに外転・内転、外旋・内旋、水平外転・水平内転がありますが、こうした動作にも三角筋、大胸筋、広背筋、大円筋、小円筋が

15

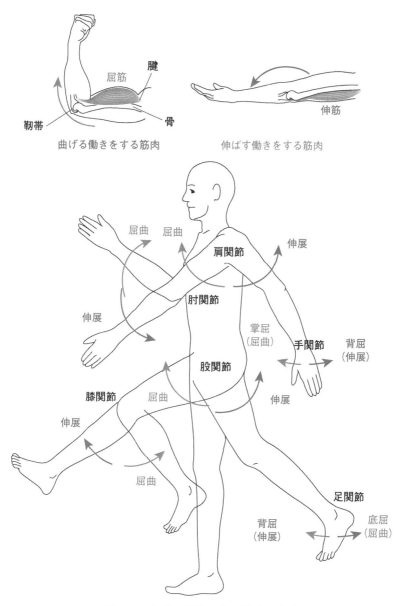

図2-1　身体の関節および運動の名称

関与し、そのほかに棘上筋、棘下筋、烏口腕筋、肩甲下筋が働きます。肘関節の屈曲には上腕二頭筋、伸展には上腕三頭筋が、前腕の回外には上腕二頭筋、回外筋が、回内には円回内筋、方形回内筋が働きます。手関節の動きには掌屈（屈曲）・背屈（伸展）、撓屈・尺屈がありますが、これらの動作には撓側手根屈筋、尺側手根屈筋、長撓側手根伸筋、短撓側手根伸筋、尺側手根伸筋などの前腕の筋肉が関与します。

　さらに、一般に背骨といわれる脊柱は、頸椎、胸椎、腰椎、仙骨、尾骨の五つの部分に分けられますが、頸椎は首の、胸椎は背中上部の、腰椎は腰の、屈曲・伸展、側屈、回旋運動にそれぞれ関与します。頸椎の屈曲（顎を引く動き）には胸鎖乳突筋、伸展には頸板状筋や頭板状筋、左右の側屈や回旋には胸鎖乳突筋や斜角筋が作用します。胸椎と腰椎は連動して動くことが多く、屈曲には腹直筋や左右の内腹斜筋と外腹斜筋が、伸展には脊柱起立筋が関与します。左右の側屈や回旋にもこれらの体幹の筋群が関与しています。

　体操の技もこうした全身の筋肉と関節を使って行われるわけですが、他のスポーツの運動に比べて特徴的なのが、腕によって身体を支える（支持）、腕のみでぶら下がる（懸垂）、といった動作がとても多いことです。体操競技の男子６種目、女子４種目のうち、腕による支持や懸垂、跳躍、脚による跳躍や着地がどの種目で行われるかを示したのが表2-1です。男女とも、すべての種目で腕による支持、懸垂、跳躍のいずれかが必ず行われますから、腕で身体を支える、という動作が体操ではとても重要であることがおわかりいただけると思います。また、背中を丸めたり反ったりす

かつては立位体前屈といって、台上に立った姿勢で腰を曲げ、指を台からどれくらい下に突き出せるかを測定していました。現在は座った姿勢で行う長座体前屈が主流です。

表2-1　体操競技種目における各種動作の実施の有無

性別	種目	腕による			脚による	
		支持	懸垂	跳躍	跳躍	着地
男子	ゆか	○		○		○
	あん馬	○		△		○
	つり輪	○	○			○
	跳馬			○	○	○
	平行棒	○	○	○		○
	鉄棒	○	○	△		○
女子	跳馬			○	○	○
	段違い平行棒	○	○	△		○
	平均台	○		○	○	○
	ゆか	○		○	○	○

ることも他の多くのスポーツの運動に比べると高い頻度で行われます。第4章で紹介するゆか（あるいはマット運動）の技では、腕だけで身体を支えることや、腕でゆかを突き放して体を持ち上げる跳躍、背中を丸める・反るといった運動が頻繁に行われます。また第5章で取り上げる鉄棒の技も、腕だけで身体を支える、肘を伸ばして身体を持ち上げるように両脇を閉じる、背中を丸める・反るといった運動が行われます。

　したがって、体操の技を上手に行うためには、腕で身体を支える上半身の筋肉や、脊柱の屈曲・伸展や側屈、回旋を行う体幹の筋群の筋力が必要となり、そのためのトレーニングが欠かせない、ということになります。体操はほかの人や物を動かすわけではなく、自分の身体のみを動かすわけですから、自分の体重をできるだけ増やさずに、自分の体重を支える筋力を身につける必要があります。筋力を高めるためのトレーニングは筋力トレーニングと称されますが、体操選手の筋力トレーニングは、そのほとんどがバーベルやダンベルのような重りや器具を用いず、自分の身体だけを用いて行われます。つまり、特別な器具や器械がなくても、あるいは特別な場所に行かなくてもできるトレーニングがほとんどというわけです。皆さんもよくご存じの腕立て伏せ、上体起こし（いわゆる腹筋運動）、上体反らし（いわゆる背筋運動）はその代表的なものです。体操の技を習得し、技能を向上させるためには、これらの基本的なトレーニングをコツコツと行い、体操に必要な筋力を高める必要があります。

体操において筋力以外に必要な体力

　筋力に代表されるような、身体がもつ「身体運動を行う基礎的な能力」を総称して体力と呼びます（長澤、2015）。長澤（2015）は、この体力を、行動を起こす能力、行動を持続する能力、行動を調整する能力の三つに分類し、行動を起こす能力の要素として筋力と筋パワーを、行動を持続する能力の要素として筋持久力と全身持久力を、行動を調整する能力として平衡性、敏捷性、巧緻性、柔軟性をあげています。

　筋力は筋肉が発揮する力のことですが、筋パワーとは、筋肉のパワー発揮特性の指標であり、瞬発力もしくはスピードといわれてきた能力と同じと考えてよいでしょう。筋パワーは、発揮された筋力にその発揮速度をかけること（パワー＝力×速度）によって計算されます。速度は「距離÷時間」

で計算できますから、パワーは「力×速度＝力×距離÷時間」となります。ここで、力×距離は、中学校の理科で習うように物理的な仕事の量を表しますので、パワーは「仕事÷時間」、すなわち一定時間でなされる仕事である仕事率を表すことになります。筋肉がどれだけの力を発揮したのかの指標である筋力はもちろん重要ですが、スポーツでは限られた時間でどれだけの運動（仕事）ができるかもとても重要です。筋パワーを高めるトレーニングとしては、筋力トレーニングを行う際に、同じ動作でも意識的にできるだけ素早く行うとよいでしょう。

　行動を持続する能力は、技の実施時間がどれも数秒と短い体操の技ではあまり問題になりません。筋持久力は身体のある部分の運動を、全身持久力は全身で行われる運動をどれだけ持続できるかの指標です。長時間のジョギングやウォーキングは全身持久力が必要な運動ですが、全身持久力は運動の持続に必要な酸素や栄養素を運動している筋肉に運ぶ能力に左右されます。酸素は肺での呼吸によって身体に取り込まれ、その酸素や栄養素は血液によって全身に運ばれますが、血液を全身に行きわたらせるのは心臓の拍動です。したがって、全身持久力は呼吸循環器系の能力ともいえます。いずれにしろ、体操のトレーニングではこの能力を高める内容はあまり扱われることはありません。

　行動を調整する能力の要素である平衡性、敏捷性、巧緻性、柔軟性は、体操の技を上手に行うことと密接にかかわります。平衡性とは、さまざまな感覚にもとづいて身体のバランスを保つ能力のことです。平衡性を測定するテストに「閉眼片足立ち」がありますが、これは視覚の情報を遮った状態で、片足で立つという静止状態を持続できる時間を計測するテストです。平衡性には、閉眼片足立ちのように静的なバランスを維持する能力に加え、運動中に身体のバランスを保つ能力も含まれます。バランスの維持・保持には、自分の身体の姿勢がどうなっているのか、身体が前後左右どちらに傾いているのか、身体がどの方向にどのように動いているのかといった情報を感知することが必要になります。そうした情報の収集には、身体中のさまざまな器官がセンサー（受容器）となって働きます。頭部の姿勢や傾きは、耳の奥の三半規管や耳石器によって感知されますが、身体中の筋肉や腱にも筋紡錘や腱器官といったセンサーが存在しています。もちろん眼というセンサーから得られる視覚情報や、皮膚に存在する圧点や痛点といったセンサーから得られる皮膚感覚も重要な情報となります。身体

三半規管と耳石器は耳の奥にある、平衡感覚を司る器官です。頭部の傾きや運動の方向を感知することができます。これらの働きによって、

中のセンサーによって集められた情報にもとづいて、脳からの指令や反射的な指令が筋肉に送られてバランスをとるために必要な動きを行うわけです。子どもがはじめて補助輪を外して自転車に乗るとき、最初はまっすぐ自転車を進めることができず、左右にバランスを崩して転んでしまいますが、練習を重ねるうちに上手になってまっすぐこげるようになり、ついには曲がった道でもカーブでも思いのままに自転車をこげるようになります。このことからもわかるように、センサーの感受性や、集められた情報にもとづいてバランスをとるための指令が出された結果である運動の正確さは、運動の経験やトレーニングによって磨かれます。特に神経系の発達が著しい幼少年期に多くの運動経験を積むのが大切であることは、第1章で述べたとおりです。体操選手はたとえ宙返りをしているときでも、地面が身体に対してどの方向にあるのか、自分の身体がどれくらい回転しているのかを感じています。もちろん最初はうまくできませんが、日頃の練習において何度も運動を繰り返すうちにそうした感覚を身につけることができるのです。その際に視覚による情報の収集はとても大切な意味をもちます。優れた選手ほど、宙返りやひねりをしながら自分の身体が空中でどこにいるのか、地面はどこにあるのかを感じながら、眼で地面を確認して着地をします。着地がいつもピタッと止まる選手はこうした能力に優れているといえます。

　敏捷性は、素早い動きや運動方向の急激な転換の能力を指します。体力テストでは敏捷性を評価するために反復横跳びが行われますが、サッカーや球技の現場では、ジグザグ走や方向転換走などのトレーニングもよく用いられます。近年ではアジリティー（agility）と英語のまま表記されることも多く、敏捷性や方向転換能力を高めるためのアジリティートレーニングも頻繁に紹介されています。ラダー（紐でつくられたはしご）やミニハードルを使ったトレーニングをご覧になったことがある方も多いと思います。ただ、体操においても素早い動きはとても大切ですが、複雑で素早い足の動きや、方向転換という動作はほとんどありません。また相手の動きに応じて自分の動きを変化させるといったこともありません。一つ一つの技について、素早く動くべきところは素早く動くということを意識して練習すれば十分でしょう。

　巧緻性は、その名のとおり巧みで緻密な動きができる能力のことです。巧緻性もさまざまな運動の豊富な経験と習熟によって高められます。数多

くある体操の技を一つ一つじっくりと練習して上手になることによって巧
緻性は高めることができるでしょう。

　これまで述べてきた行動を調整する能力のうち、平衡性、敏捷性、巧緻
性は、体操の技を習得し、上手になるためのトレーニングを行うこと自体
によって高めることができる要素であると思いますが、残る柔軟性につい
ては、それを高めるトレーニングを個別に必ず行う必要があります。
図2-2は、スポーツ庁によって令和元年(2019年)10月に発表された平成
30年度(2018年度)の体力・運動能力調査報告書のうち、柔軟性のテスト
である長座体前屈に関する年齢別の結果です。身長が伸びる子どもから青
年までの時期は当然テストの値も伸びますが、成人以降は低下していき、
特に女子よりも男子のほうが顕著に低下していきます。つまり、加齢とと
もに身体は硬くなっていくのです。身体の柔らかさ・硬さは、関節がどれ
だけ動くか(関節可動域)で決定され、それは骨の並び方(アライメント)、
筋や腱、靱帯の硬さ、あるいは脂肪や筋肉の量の影響を受けます。骨の並
び方、筋や腱、靱帯の硬さは遺伝的にある程度決まっているものでもある
のですが、関節の柔軟性はトレーニングによって高めることが可能です。
体操選手の場合には、ジュニアの頃にみっちりと柔軟トレーニングを積ん
で、一般の方がびっくりするような柔軟性を身につけていきます。大学生
くらいになると柔軟トレーニングをちょっとさぼるようになることが多い

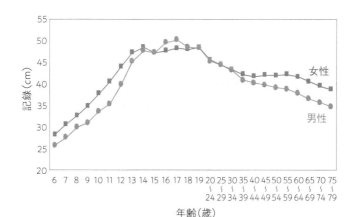

図2-2　長座体前屈の年齢別結果
　平成30年度「体力・運動能力調査結果」(e-Stat)より作図。

筋紡錘は骨格筋内に、腱器官は骨格筋と腱の移行部に存在し、筋や腱の長さの変化を感知する受容器です。

のですが、そうするとみるみる体は硬くなります。それでもまたトレーニングを行えば、柔軟性は高まります。持続的な柔軟性も他の体力要素と同様、一朝一夕に得られるものではありませんから、コツコツと継続してトレーニングを行ってください。また、筋肉が温まると柔軟性は高まることが知られていますから、技の練習時には十分なウオームアップを行って体を温めることも大切です。

体力と技術

　上で紹介した体力要素はさまざまな運動を行うための基礎的能力ですから、行う運動に必要な体力要素を高めることは、その運動をスムーズに行うためにとても大切です。例えばバク転の実施には、脚でしっかりとジャンプできる筋力や、腕で体を支える筋力、あるいはある程度身体を反ることができる柔軟性が不可欠です。とはいえ、強い筋力や高い柔軟性がありさえすればバク転ができる、というわけではありません。体操競技の技に限らずどんな運動でも、それを上手に実施することを可能にしている「身体の動かし方」「やり方」というものがあり、それを覚えなければその運動はできません。そうした身体の動かし方・やり方を「運動技術」あるいは単に「技術」と呼びますが、もっとも初歩的な技である前転にもそれを上手に行うための技術があり、ありとあらゆるすべての技についてその技術を身につける必要があります。一般にスポーツの「練習」といわれる活動は、できない動きをできるようにするための身体の動かし方を身につけることを指しますが、それは「技術の習得」を目的としているといってよいでしょう。そうした活動は、現在では練習ではなく「技術トレーニング」と呼ぶことが多くなっています。一方で必要な体力を高める活動は、体力トレーニングといわれます。

　技術と体力はどちらかだけがあればよいというわけではありません。体操競技の選手は、さまざまな技の技術を身につける技術トレーニングに加えて、技術を習得するのに必要な筋力やパワー、あるいは柔軟性といった体力を高める体力トレーニングを欠かさず行っています。これは体操競技に限ったことではなく、すべてのスポーツ選手が行っていることです。チームスポーツの選手であれば、技術トレーニングや体力トレーニングに加えて戦術トレーニングも欠かせません。近年では心理面、精神面を鍛え

るメンタルトレーニングも行われていることはご存じの方も多いでしょう。

　本書ではこれからさまざまな技の技術とその習得方法を紹介していきますが、読者の皆さんには体力を高めるための体力トレーニングも継続して行っていただきたいと思います。

身体運動のバイオメカニクスの基本

　人の運動を扱う学問分野の一つに「バイオメカニクス」があります。バイオは生体、メカニクスは力学という意味ですから、「生体力学」と訳されます。ここではバイオメカニクスにおいて運動を考察する際に必要となる基本的な事項について簡単に解説していきます。

並進運動と回転運動

　人の運動を物理的にとらえた場合、物体の運動と同じく並進運動と回転運動に分けることができます。並進運動とは身体の部分が一様に平行移動する運動であり、回転運動とはどこかを中心として回転する運動のことを指します。多くの運動はこの並進運動と回転運動が組み合わされています。バク転を例にとれば、身体の重心は後方への移動という並進運動を、身体全体は後方に回るという回転運動を行っています。

運動量と角運動量

　並進運動の勢いを表す指標が運動量です。運動量は「質量×速度」で計算されます。質量は厳密には体重（重量）とは異なりますが、ここでは質量＝体重と考えます。質量は物体の動きやすさ、動きにくさを表す量と考えるとよいでしょう。質量50 kgの人が3 m/sで移動しているときの運動量は50 kg×3 m/s＝150 kg·m/s、質量100 kgの人が同じ3 m/sの速度で移動しているときの運動量は100 kg×3 m/s＝300 kg·m/sとなり、同じ速度で移動していても100 kgの人のほうが運動の勢いである運動量は大きい、ということになります。

　一方、回転運動において、物体の回転のしやすさ・しにくさを表す量は「慣性モーメント」です。モーメントとは能率のことです。慣性モーメントは、ある点や軸を中心に回転している物体の質量と、回転の中心である点や軸からの距離の二乗をかけて求められます（慣性モーメント＝質量×

技術とは「やり方」のこと、技能とはそのやり方を実施できる「能力」のことを指します。英語では、技術はtechnique、技能はskillです。

（距離）^{2}）。慣性モーメントの単位はkg·m^{2}となります。同じ質量でも、回転軸からの距離が遠いところにあれば慣性モーメントの値は大きくなり、回りにくいということになります。身体を伸ばした伸身姿勢、腰を曲げた屈身姿勢、腰と膝を曲げたかかえ込み姿勢の順で回りやすくなることは想像できると思いますが、身体重心を回転の中心と仮定した場合、この順に慣性モーメントが小さくなることと対応しています。この慣性モーメントと回転の速度（角速度）をかけあわせたものが角運動量で（角運動量＝慣性モーメント×角速度）、これは回転運動の勢いを表します。したがって、身体運動における角運動量は、どんな姿勢でどれだけ回転できるかの指標です。角運動量の単位はkg·m^2/sとなります。例えば、鉄棒の下り技である後方伸身2回宙返り下りを行うためには、伸身姿勢で2回宙返りができる角運動量が必要ですが、鉄棒から手を放して空中に跳び出すと角運動量は保存されて大きさが変化しません。もし鉄棒から手を離した際の角運動量が伸身2回宙返り下りの実施に必要な大きさに満たなかった場合、回転のはじめや途中で屈身姿勢やかかえ込み姿勢にならないと十分に回転せず、うまく着地できないということが起こるのです。

力とトルク

　あらゆる運動は力によって生じます。身体運動を生じさせる力の代表が筋力であり、筋力発揮で生じた運動によって発生する力としては、床反力（床を蹴る力の反作用力）や摩擦力があげられます。また、われわれが運動をするのは地球上ですから、重力は身体運動に特に大きな影響を与えます。空気抵抗も無視できない力の一つです。並進運動において、運動を起こさせる力は「質量×加速度」で表されます。これは有名なニュートンの運動方程式です（$F=ma$）。加速度の単位はm/s^{2}ですから、力の単位はkg·m/s^2＝Nとなります。身体運動の場合には質量は体重と同じと考えてよいので、運動をしている最中に変化することはありません。したがって、身体に力が作用すれば、その力の大きさに応じた加速度が生じることになります。加速度が生じるということは、運動の速度や方向に変化が起こることを意味します。大きな力は大きな運動の変化を生み、小さな力では運動には小さな変化しか生じないというわけです。

　一方、回転運動は力のモーメントによって変化します。力のモーメントは、回転力あるいはトルクとも呼ばれます。力のモーメントは、力と、力

の作用線と直交する回転軸からの垂線（モーメントアーム）の長さをかけて求められますが、その大きさは図2‐3に示した平行四辺形の大きさになります。力のモーメント、すなわちこの平行四辺形の大きさが大きいほど、回転運動は大きくなるわけです。力のモーメントの単位は$kg \cdot m^2/s^2 = N \cdot m$となります。図2‐4は自転車のペダルをこいでいるときにペダルに対して発揮された力と力のモーメントの関係を表す模式図です。モーメントは能率のことであると先に述べましたが、同じ大きさの力を発揮しても、力の向きによってモーメントアームの長さが変化するため、ペダルを回すために作用する力の「能率」も変化することがおわかりいただけると思います。身体運動の場合、関節の動きの程度は関節で発揮される力のモーメント、すなわちトルクの大きさによって決まるということができます。これ以降は力のモーメントをトルクと称することにします。

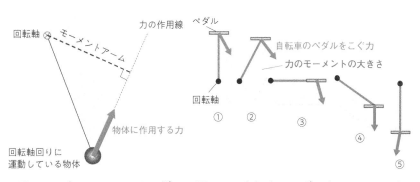

図2-3　力のモーメントの計算方法

力のモーメント＝力×モーメントアームであり、図中の平行四辺形の面積に相当する。

図2-4　自転車のペダルをこいでいるときの力および力のモーメント

六角レンチやモンキーレンチでボルトやナットを回すときの回転力（トルク）が大きくなることは理解できるでしょう。からの距離が長いほうが回転中心

25

運動時の脳の活動

　人の運動は、大脳からの指令が神経を通して筋肉に伝えられ、筋肉が収縮することによって起こる随意運動と、大脳からの指令なしに脊髄あるいは時には延髄からの指令によって起こる反射運動に大別されます。スポーツの運動は基本的には随意運動ですから、脳からの指令によって発現します。スポーツの運動を含む身体運動にかかわる脳の機能については古くから研究が行われており、身体運動の際には大脳の運動野、大脳基底核、あるいは小脳が深くかかわっていることがわかっています。運動野は一次運動野、運動前野、補足運動野、眼球運動野の総称ですが、このうち一次運動野には身体中の筋肉一つ一つに対応した神経細胞が順序よく並んでいます。これを示したペンフィールドの図（図2−5）は1950年に発表されて以来、今日までよく引用されていますから、ご覧になったことがある方もいらっしゃるでしょう。また、大脳基底核は筋力の調整や時間間隔の制御、不要な動作の制御に、小脳は動作の繊細さと正確さ、姿勢の安定にかかわっていることが明らかになっています（大築、2015）。

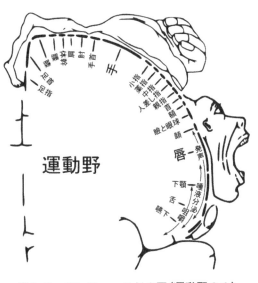

図2−5　ペンフィールドの図（運動野のみ）

　もちろん脳のこれら以外の部位も、視覚や聴覚、皮膚感覚、運動覚といったさまざまな感覚情報をとらえ、それらをもとにどのような運動を行うべきかを判断するという複雑な情報処理を行っています。大築（2015）は、「よく運動に熟達することを『体で覚える』というが、その場合の体とは骨格や筋ではなく、脳にほかならない。体で覚えるとは『脳で覚える』ことなのである。」と述べています。身体運動のさまざまなトレーニングは、脳のトレーニングでもあるのです。

第**3**章

倒立の科学

なぜ倒立は難しいのか：足で立つこととの違い

倒立の正しい姿勢

　一口に倒立といっても、身体をどこで支えているのか、倒立をしたときの身体のかたちがどうなっているのかによって実はいくつもの種類があります。例えば、前腕倒立、胸倒立、十字倒立、片手倒立、開脚倒立、後で紹介する背支持倒立、学校体育でも出てくる三点倒立などなどです。また、ゆっくりと力を使って倒立姿勢になる技を、体操競技では「力倒立」と呼んでいます。通常、単に倒立という場合には、両手のひらだけで身体を支え、脚を閉じ、身体をまっすぐにした姿勢を指します。現在の体操競技で正しいとされる倒立の姿勢は、手首、肘、肩、股関節、膝、足首、つま先が一本の鉛直線上にすべて位置する図3-1左のような姿勢です。背中が反ってしまったり、肘が曲がってしまったりしては正しい倒立姿勢とはいえません。前腕、上腕、胴体、大腿、下腿、足部といった身体の各部位が真上に積み重なっているようにすることが必要なのです。これらの身体部位のうちどれかが鉛直線から外れた位置にあれば、それ以外の部位がバランスをとるために鉛直線の反対側に位置しなければなりません（図3-1右）。こうした腰が反った姿勢は、現在では正しい倒立姿勢とはいわれません。

頭倒立（三点倒立）　　前腕倒立　　　　　　胸倒立

十字倒立　　　　　　　　片手開脚倒立

正しい姿勢　　　正しくない姿勢

図3-1　正しい倒立姿勢と正しくない倒立姿勢
　　　正しい倒立姿勢では身体の各部位が鉛直線上に位置するが、正しくない
　　　倒立姿勢では、身体のどこかの部位が鉛直線上からはずれ、バランスを
　　　とるためにほかの部位が鉛直線の反対側に位置する。

倒立で一番大事なことは？

　正しい姿勢で倒立をするには、身体を硬い棒のようにしなければなりません。それには身体全体の筋肉を収縮させる必要があります。例えば、腹筋に力を入れても、背筋に力が入っていなければ腰は曲がってしまいますし、逆に背筋に力を入れても腹筋に力が入っていなければ身体は反ってしまいます。試しにゆかの上にバンザイの姿勢でうつ伏せに寝て身体全体に力を入れてみてください。その姿勢で誰かに両脚を持ち上げられても、写真上のように膝が曲がったり腰が反ったりしてはいけません。写真下のように手首から足先までが一本の棒のように持ち上がるよう力を入れるのです。倒立をするときにはこのように身体に力を入れる必要があります。

バランスの正しいとり方

　先ほど述べたように正しい倒立の姿勢とは、身体の各部位が鉛直線上に並んだ姿勢です。身体の各部位を鉛直線上に並べるためには、まず脇が180度開いていることが重要です。脇がしっかり開いていないと、胴体が肩の上にまっすぐに乗りませんから、結局反った姿勢になってしまいます。脇をしっかり開くうえで大切なことは、首を大きく後屈（顎を出すような姿勢）させないことです。首を大きく後屈させないようにするには、肩幅程度に開いてゆかに着いた右手と左手の真ん中に視線を落とすことがポイントです。倒立の指導において、右手と左手を結んだ線分を底辺とした三角形の頂点に視線を、といわれることがありますが、そうしてしまうと首を大きく後屈せざるを得ません。そうなると脇をしっかり開くことが困難になりますから、まっすぐな倒立の実施が難しくなってしまいます。とはいえ、逆に顎を完全に引いて首が前屈してしまっては、腕を突っ張ってゆかを押すことが難しくなります。顎はある程度開いて、両手の真ん中を見るようにすることが大切です。

倒立では歩くより静止するほうが難しいのはなぜ？
（足で立つときは静止のほうがやさしい）

　人間の身体は二本の足で立つことができるように進化した構造になっています。骨の太さや筋肉の大きさ、それらの構造が、重力に抗して身体を垂直に立たせることに適したつくりになっているのです。足が手よりも大きく、太腿や脛の骨が上腕や前腕の骨に比べて太く、大きな骨盤があり、お尻、太腿の前後、下腿の前後の筋肉が肩や上肢の筋肉に比べてずいぶん大きいのも、二本足で立つ人間の特徴です。

　とはいえ、人間の身体は固い一本の棒ではなく、関節をもち、筋肉によって支えられていますから、足で立ったときにも身体の重心は、実は常に前後左右に動揺しています。身体の重心が、身体を支えている基底面（左右の足の底で囲まれた面、図3−2左）の上から外れてしまうと静止していられませんから、常に多くの筋肉が働いて立った姿勢を保っているのです。立った姿勢でちょっとつま先側に体重をかければ（足関節が背屈すれば）、足の指を屈曲させる筋肉やふくらはぎの下腿三頭筋に力が入って立った姿勢を保とうとする（足関節を底屈させようとする）ことが容易におわかりいただけると思います。逆に、踵側に体重をかけると（足関節が底屈すると）、脛の筋肉（前脛骨筋）に力が入って足関節を背屈させようとします。立った姿勢から前に歩き出す歩行の際には、まず重心が基底面の真上から前方に外れて移動するのです。

　同様に倒立での静止状態においても、重心は前後左右に動揺しています。体操選手が倒立をした際にはまったく静止しているように見えますが、実は静止姿勢を保つためにたいへんな努力をしています。もっともよく行われるのは、倒立姿勢で背中側に重心が動いたときに、重心位置を腹側に戻すために手の指でゆかを押し返す動作です。足で立っているときに前に体重がかかると足の指でゆかを押すのと同じことです。こうした動作をしやすいように、倒立をするときには両手の指をやや開き、かつゆかをつかむように指を曲げていることが多いです。倒立時の基底面はゆかに着いた両手で囲まれた面（図3−2右）ですが、手の大きさが足の大きさよりも大きい人はまずいないでしょうから、足で立っているときの基底面に比べれば小さいことはおわかりいただけると思います。さらに下肢の筋肉に比べて上肢の筋肉は小さいので、発揮する筋力も小さいことから、基底面の上から重心が外れかかったときにそれを戻すことが難しくなります。この

ように、脚で立つのに比べて倒立は基底面自体が小さく、その基底面内に重心の動揺を抑える筋肉の力発揮が小さいという点が、倒立で静止することを難しくしている大きな原因です。

　倒立での歩行は、重心を背中側に移動させるのにあわせて左右の手を交互に出すことで行われます。多くの方は背中を反った倒立姿勢であるため、重心が基底面の真上から背中側に外れやすく、左右の手を交互に出せば自然と歩行できます。倒立で歩くことのほうが静止するよりも容易であるのは、重心を基底面上にとどめておくことが難しいからなのです。

図3-2　足で立っているときと倒立時における基底面の大きさの比較

体操競技における「倒立が決まる」＝２秒静止

　体操競技では、倒立の姿勢で静止しなくても、倒立姿勢を経由する技が無数にあります。ゆかの側方倒立回転、ロンダート、前転とび（ハンドスプリング）、バク転、鉄棒や段違い平行棒の車輪はその代表的な技です。したがって、倒立は男女のさまざまな技の基本となるとても大切な姿勢です。選手育成の現場では、正しい倒立姿勢を習得することに長い時間をかけていますし、大学生や社会人の選手でも正しい倒立姿勢を行うトレーニングは欠かせません。

　なお、体操競技では倒立で静止することが求められる技も数多くありますが、そうした技で要求される倒立の静止時間は２秒です。倒立姿勢が決まった時点から、心の中で２秒数える習慣をつけましょう。２秒数える間に倒立がぐらついたり倒れてしまったりしないように練習してください。

倒立の練習法

まずは背支持倒立

　倒立では身体全体を一本の棒のようにしなければならないことはすでに述べました。そのため、まずは簡単な倒立姿勢で身体全体を一本の棒のよ

体操競技では、倒立に限らず、例えばつり輪の力静止技など、静止が求められている技では静止時間は２秒と決められています。

うにすることを練習しま
しょう。ここでは腕だけで
身体を支える必要がない
「背支持倒立」を行います。
背支持倒立は、ゆかの上に
仰向けに寝て、後頭部と背
中の上部のみをゆかに着け
たまま、脚を上に持ち上げ
た姿勢の倒立です。最初は

腰を両腕で　　両腕は背中側に　　両腕は頭側に
支える
背支持倒立

腰のあたりを背中側から支えると簡単でしょう（写真左）。この姿勢で胸か
ら足先までを上方に持ち上げて力を入れ、一本の棒のようにするのです。
足先をできるだけ高い位置にするように上方に伸び上がってください。両
脚が開いていたり、腰が曲がったりしてはいけません。腹筋や背筋、お尻
の大殿筋、太ももの大腿四頭筋、ふくらはぎの下腿三頭筋といった全身の
筋肉に力を入れて、胸から下の身体がまっすぐになるようにしてくださ
い。

　この基本的な背支持倒立が楽にできると感じたら、次は手で腰を支える
ことをせず、背中側に両腕を伸ばして同じ姿勢を保つようにします（写真
中央）。手で背中を支えることができませんから、胸から足先をまっすぐ
に保つことができず、腰が曲がってしまいやすくなり、ずいぶんと難しく
なります。それでも身体を一本の棒のように静止できるよう練習してくだ
さい。

　この姿勢でまっすぐな背支持倒立ができたなら、背支持倒立の最終的な
目標姿勢は、両腕を背中側ではなく頭の側にそろえて静止する姿勢です
（写真右）。この姿勢の背支持倒立では、基底面は首の付け根と両腕でつく
られる面ですから、その上に首から下の身体の重心を乗せるには鉛直線上
よりも多少腹側に傾いた姿勢で結構です。ただし腰が曲がらないよう、胸
から足先まではまっすぐに伸びた姿勢を保ちます。この姿勢で静止できる
ように身体に力を入れることができれば、通常の倒立でも同じように身体
を一本の棒にすることができるでしょう。

腕で身体を支える
　背支持倒立では腕で身体を支える必要はありませんでしたが、倒立は二

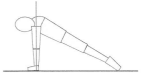

本の腕だけで身体を支えなければなりません。ですから、倒立ができるためにはまず両腕で自分の体重を支えられることが大前提となります。

　まず、皆さんがよく知っている腕立て伏せの姿勢をしてみてください。両手を肩幅程度に開き、横から見て腕がゆかに対して垂直になる（肩の位置が手首の真上になる）ようにして、背中を丸めます。両手を体重計の上に置けばわかりますが、この姿勢でおよそ体重の70％程度を両腕で支えていることになります。視線は常に左右の手の真ん中です。両手は指側をやや外に開いた逆ハの字にして、指は開き、ゆかをつかむように曲げます。このとき、背中が反って胸が下に突き出た姿勢ではなく、背中を丸め、胸をへこませるようにしてください。腕をできるだけ長く伸ばすような姿勢です。体操競技の指導現場では、背中が反って胸が突き出た姿勢を「胸が落ちた」姿勢といい、必要に応じてわざとそうするとき以外は基本的によくない姿勢とされます。逆に、背中を丸め、胸をへこませた姿勢を「胸を含んだ」姿勢と呼び、倒立に限らずさまざまな技でこの胸を含んだ姿勢をつくることが重要視されています。「胸を含んだ」姿勢で、腹筋、背筋、大殿筋、大腿四頭筋、下腿三頭筋といった全身の筋肉に力を入れて、胸から足先まで身体をまっすぐにして、10秒程度静止できるようにします。腕の力が弱く、この姿勢ができない場合には、倒立の練習よりも、まずは腕立て伏せなどで腕や肩の筋力をつけることが必要になります。

　余談ですが、私が授業で倒立をはじめて扱う際には、学生がこの姿勢をできるかどうかをまず確認します。スポーツ科学を専攻している学生にこの姿勢ができない学生はまずいませんので、次にその姿勢から足を軽く振り上げて（「あまり振り上げすぎないように」と注意して）、左右の足を拍手のようにたたくことをやってもらいます。1回たたくことができたら2回、2回たたくことができたら3回、無理せず行うように、と指示するのですが、これを行っている間に、学生たちがある程度の時間両腕で身体を支えることができるかどうかを確認します。たいていはすべての学生が1、2回は足をたたけます。こうして、その後の授業で無理なく倒立の練習を扱えることを確認しています。

　さて、「胸を含んだ」腕立て伏せの姿勢を10秒ほど保つことができたら、

腕をまっすぐ上にあげているつもりでも、鏡を見るとわずかに前方に傾いていることがあります。きれいな倒立を習得するためには肩の可動域を広げることも重要です。

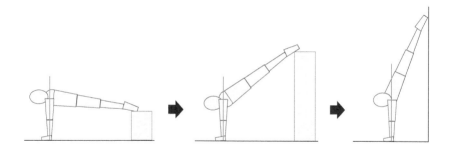

腕にかかる負荷を徐々に大きくしていきます。腕にかかる負荷を大きくするには、足の位置を徐々に高くしていけばよいのです。肩の位置が手首の真上になるよう、腕をゆかと垂直にすることはずっと意識してください。補助台や壁、階段などの段差を使えば容易に足の高さを変えることができるでしょう。一気に足の高さを高くするのではなく、先ほどの腕立て伏せの姿勢のときのように、胸を含んだ姿勢で胸から足先まで身体に力を入れ、まっすぐな姿勢を10秒ほど保つことができる程度の高さで行ってください。くれぐれも無理は禁物です。ある程度足を上げる高さが高くなったら、横に補助者にいてもらい、保持した姿勢から下りるときに助けてもらうことも必要です。下りるときには脚を開いて横に下りるようにするとよいでしょう。早く倒立の練習をしたいからといって、いきなり最初から足を高く上げ、「胸が落ちた」姿勢で何十秒がんばっても、正しい倒立姿勢を覚えることはできません。結局は最初からやり直し、ということになってしまいますから、焦らずにコツコツと努力をつづけましょう。視線はずっと左右の手の真ん中に落としてください。そうすると足の位置が上がるにつれて首が少しずつ後屈していくでしょう。首を前屈して（顎を引いて）しまうと、腕でゆかを押すこともうまくできなくなりがちです。決して首を前屈させてはいけません。

壁倒立

　足先を徐々に高くしていき、胸を含んだ姿勢で静止することを練習していけば、最終的には壁に身体の腹側がぴったりと着いた壁倒立になります。壁倒立というと、壁に向かって立ち、壁の近くに手を着いて脚を振り上げて行う、壁に背中側を向けた倒立を指すこともあります。壁に背を向けた壁倒立では、身体をまっすぐにしようとすればするほど壁の近くに両

手を着くことになります。しかしこの場合、頭が壁にぶつからないよう顎を引かなくてはならなくなり、その結果両手の真ん中を見ることができなくなったり、腕に力が入りにくくなって下につぶれてしまったりすることがよく起こります。顎を引かずに倒立をしようとすれば、壁からやや離れた位置に手を着かざるを得なくなります。そうすると足の裏や踵が壁に着いても背中やお尻は壁から大きく離れていたり、お尻から踵は壁に着いていても背中が離れてしまったりして背中が反った姿勢になってしまいます。もちろん脚の振り上げの練習や、次に述べるような、立位から倒立を行う練習では壁に向かって倒立を行うことも必要になりますが、正しい倒立姿勢を身につけるためには、壁にお腹を向けた壁倒立をよく練習してください。

脚を振り上げての倒立

　こうした倒立姿勢そのものの練習に加えて、立位から倒立になる練習も行ってください。この練習では補助者がいるとより練習しやすくなりますが、どうしても一人で行わなければならないときには無理をせず、壁を使って行います。

　まずはゆかに両手を着いた姿勢から、脚を前後に開きます。両手の着き方は先ほどまでと同じです。指側をやや外に開いた逆ハの字にして、指は開き、ゆかをつかむように曲げます。また前脚の膝は曲げ、後ろ脚はつま先立ちで膝を伸ばします（下の写真）。この前脚が踏み切り脚、後ろ脚が振り上げ脚です。左右どちらの脚を振り上げ脚にするのかは、自分でやりやすい側を探してください。この倒立実施時の振り上げ脚の決定は、側方倒立回転（側転）やロンダート、前転とびの振り上げ脚を決めることにもつながりますし、さらには体操競技の選手育成では宙返りのひねりの方向の決定にも影響するとても大切なことです。倒立の練習の前に側転やロンダート、前転とびの練習をすでに行っている場合には、そうした技の振り上げ脚が倒立の振り上げ脚となります。

34ページ上にある三つの姿勢では、それぞれ体重の約80％、約85％、約90〜95％を腕で支えています。

その振り上げ脚をある程度上に振り上げ、踏み切り脚もゆかを蹴って膝を伸ばします。最初は振り上げ脚を大きく振り上げる必要はありません。脚も前後に開いたままで結構です。慣れてきたら徐々に振り上げの程度を大きくし、一度脚をそろえてから再び前後に開いて着地します（下の写真）。脚をどれくらい振り上げるかにかかわらず、すでに説明したとおり両腕にしっかりと力を入れ、両手の真ん中のゆかを顎を開いて見て、また胸を含んだ姿勢で行うことを忘れないでください。

最終的には、振り上げ脚を両手を着いた位置の真上まで振り上げて、踏み切り脚を振り上げ脚にそろえます（下の写真）。どの程度振り上げ脚を振り上げれば正しい倒立姿勢になれるのか、1回1回確認しながら行ってください。補助者がいれば補助によって、いなければ壁に振り上げ脚を着けるようにして倒立姿勢を保持してください。

両手をゆかに着けた姿勢から振り上げ脚を振り上げて倒立になることに慣れたら、脚を前後に開いた立位から同じように倒立を行います。ただし、両手はまずは下に下げた姿勢から（写真左）、次に肩の高さに上げた姿勢から（写真中央）、最後にバンザイの姿勢から（写真右）と、両手の高さは徐々に上げていってください。

三点倒立

　いわゆる三点倒立は、平成29年に告示された小学校学習指導要領の解説では「頭倒立」として紹介されています。頭頂と両手で三角形をつくり、それを基底面として倒立姿勢になる技です。頭頂と両手でつくる三角形が3点倒立の基底面となりますから、その面積が大きいほうが重心の動揺に影響を受けにくくバランスを保ちやすくなります。したがって、肩幅程度に開いた両手を着いた位置よりも前(指先側)に頭頂を着けましょう。頭側に体重をかけすぎると首を痛めやすいので、両手に6〜7割、頭に3〜4割の比率で体重を分散させて支えます。首から足先までしっかりと力を入れて、一本の棒のようにすることは倒立と同じです。ただし、基底面に重心を乗せる必要がありますから、鉛直線よりもやや腹側に傾いた倒立姿勢で結構です(28ページの写真)。

倒立の発展形：伸肘倒立

　「伸肘倒立」は、正式には「伸腕屈身力倒立」といい、その名のとおり、腰を曲げた屈身姿勢から肘を伸ばしたままゆっくりと倒立姿勢に持ち込む技です(写真)。開脚で行う場合と閉脚で行う場合とがありますが、開脚のほうが容易です。

伸腕屈身開脚力倒立(開脚伸肘倒立)

伸腕屈身閉脚力倒立(閉脚伸肘倒立)

英語では「胸を含んだ姿勢」のことをHollow positionといいます。hollowは「くぼんだ」という意味です。

第3章　倒立の科学

37

この技の成功のカギは、屈身姿勢で両手をゆかに着いた状態から、肩と腰を手首の真上に乗せられるかどうかです。図3-3左のように脇がしっかりと開いて胴体をその上に乗せることができれば、さほど力を使わなくても重心を両手でつくる基底面上に収めるようにバランスをとることができます。しかし、図3-3右のように肩が前に出てしまい

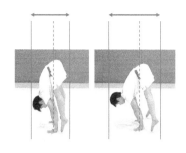

図3-3　伸肘倒立の姿勢

ますと、重心は背中側に移動してしまいますから、それを基底面上に収めようとするために肩を屈曲させる（脇を開こうとする）大きな力発揮が必要になってしまいます。また、開脚の柔軟性も大切です。肩と腰を手首の真上に乗せられたら、左右の脚を開いて開脚し、足先が上半身の左右真横を通るようにして持ち上げます。開脚の柔軟性が足りないと、足先は手首を通る鉛直線から遠い場所を通って倒立姿勢に至らなければなりませんから、ここでも余計な力発揮が必要になってしまいます。脇が180度開くように、また左右の脚を開脚してゆかにべったりとお腹が着くくらいまで、肩と股関節の柔軟運動をしっかりと行ってください。

　最初は壁を使って練習しましょう。両手をできるだけ壁の近くに肩幅程度に開いて着き、両脚はその手の外側に開いて屈身姿勢で立ちます。その姿勢でつま先立ちになり、体重を両手にかけながら、脇をできるだけ開き、壁に寄りかかりながら腰を肩の上に乗せる練習をします。つま先立ちになって肩と腰を手首の真上に乗せる、という感覚をつかんでください。手首の真上に肩、その真上に腰が乗ったら、左右の脚をできるだけ開脚して足先が上半身の左右真横を通るようにして持ち上げ、倒立姿勢になります。あまり力を使わずにこの技を行うためには、脇を180度開くことができ、またゆか上で左右開脚をした姿勢でお腹がゆかに着き、さらにその姿勢からお腹をゆかから離さずに左右の脚を広げて脚を閉じることができるような柔軟性があることが理想です。とはいえ脚の開脚がそれほど柔らかい人はあまりいませんから、先ほど述べたつま先立ちになって肩と腰を手首の真上に乗せる、という練習で肩や背中の筋肉をしっかりと鍛えてください。

第**4**章

ゆかの基本技の科学
前転からバク転・前宙・バク宙まで

28ページで紹介したさまざまな倒立のうち、十字倒立は実際の演技の中でも行われることがあります。

前転

　この章では前転のやり方（技術）から話を始めますが、たかが前転と侮ってはいけません。多くの方はご存じないでしょうが、前転にも上手に実施するための技術があるのです。バク転をはじめとした高度な技ももちろんそうですが、さまざまな技を上手に実施するためにはそれぞれの技の技術を知り、順を追ってそれをしっかりと正しく習得することが大切です。

「よい前転」ができることが正しい体操技を行うための第一歩

　前転（でんぐり返し）は、小学校の体育で行われるマット運動で3年生になって最初に取り扱われる技です（平成29年小学校学習指導要領）。読者の皆さんも、必ず経験したことがあると思います。私は勤務先の大学で中学校や高等学校の保健体育科の教員を目指す学生を対象に器械運動の授業を行っていますが、前転を取り扱う際に「前転を知らない、あるいはやったことがない人はいますか？」と学生に尋ねても、誰も手を挙げません。また、「できない人はいますか？」と尋ねても結果は同じで、できないと思っている人はいないのです。前転はそれくらい皆が「自分はできる」と思っている技です。

そこで私は「ではやってください」と指示して前転を実施してもらいます。結果として、確かに前転ができない学生は1人もいません。次に、前転の発展技として小学校の学習指導要領に例示されている開脚前転を、できる範囲でいいからと言って実施してもらいます。すると、開脚前転を満足にできる学生は半数以下になり、さらに開脚前転の発展技である伸膝前転に至っては、できる学生はごく少数になります。

　図4-1は前転ができる小学生52名を対象に、どれだけの児童が開脚前転や伸膝前転ができるのかを調査した研究の結果を示したものです（佐藤と土屋、2014）。その結果は大学生を対象とした私の授業と同じです。前転はできても、その発展技である開脚前転や伸膝前転ができる児童の数はどんどん少なくなっていきます。

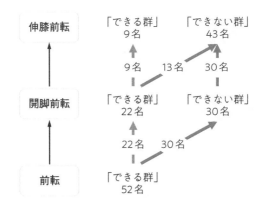

図4-1　前転系の技の「できる群」と「できない群」の関係
小学生52名を対象とした調査。前転はできても、開脚前転、伸膝前転ができない小学生は多い。
［佐藤友樹、土屋 純：スポーツ科学研究：11、157-170（2014）］

　これはなぜなのでしょうか。もちろん、より難しいことを要求すれば、それができる人の数が少なくなっていくのは当然です。しかし実は、「よい前転」を習得していないことが一番の原因で、そのために、前転の発展技ができないのです。私の授業の話を再び例にとれば、すべての学生が「前転はできる」のですが、私の目から見て、「よい前転」と思える前転ができる学生はほとんどいません。そこで、よい前転とはどのようなものかを

解説し、それを実際に学生に実施してもらいます。すると、ほとんどの学生がすぐによい前転を実施できるようになります。そして、そのよい前転のやり方を踏まえて開脚前転や伸膝前転を再度実施してもらうと、面白いことに解説前よりもずいぶん多くの学生がそれらの技を実施できるようになります。このように難しいことができるようになるためには、基本となる運動を上手に行う方法、つまり技術を覚えておく必要があるのです。「基本が大切である」のは、前転、はたまたスポーツに限らず、ありとあらゆることに共通している当たり前のことなのです。

「よい前転」とは

それでは「よい前転」とはどのような前転か、つまり、前転の技術とはどのようなものかを解説していきましょう。まず、前転は「転がる」運動ですから、マット上を転がらなければなりません。図4−2をご覧いただくと、図中のAとBのどちらが「転がりやすい」かはどなたにもおわかりいただけると思います。前転では頭頂からお尻までマットに接して転がりますから、頭頂からお尻までを丸め、徐々にマットに接するようにして転がる必要があります。金子はこれを「順次接触技術」と名付けました(金子、1986)。この技術はほとんどの人が問題なくできますが、前転ができない小学生の中には、ここに問題があるケースが時折見られます。その場合、前転のはじめに両手で体重を支えて頭頂部をマットに着ける際に、首が後屈している(顎を出すような姿勢)ことが多いので、自分のお腹を見るようにすれば、頭頂からお尻までを丸くしやすくなるでしょう。

前転においてとても大切であるにもかかわらず、多くの場合で見落とされがちな技術は、「回転加速技術」です(金子、1986)。図4−3を見てください。図4−3Aでは、回り始めと回り終わりの大きさが一緒です。これに対して図4−3Bは、回り始めの大きさが大きく、回り終わりには小さくなっています。どちらの回転で、回り終わりに回転の勢いが生まれやすいかはおわかりいただけると思います。前転では、回転の勢い(角運動量)は回り始めや途中で生み出されたり増加したりします。一方、回転の大きさ(回転半径)が小さくなれば、回転の速度は大きくなります。回り始めの大きさを大きくすることは、手をマットに着く位置をほんの少しでも足より前にするといったことで実現できます。無理のない程度、手をマットに着く位置を前にしてみてください。

でんぐり返しには「転繰る」に由来、桶屋が樽を転がすことを「でんぐり」に由来するという説など諸説あります。
江戸時代に伝わってきた紙細工「でんぐり」と呼んでいた、

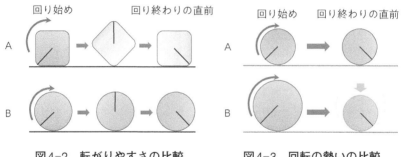

図4-2 転がりやすさの比較　　　図4-3 回転の勢いの比較

　さらに、回っている途中も大きな姿勢でいること、そして回っている間に回転の勢いをつけることが大切です。図4－4Aのような動きではこれは実現できません。図4－4Bのように、頭や背中がマットに接している回転の途中に膝をできるだけ伸ばし、脚を振り下ろすようにして回転の勢いをつけ、回り終わりの直前、つまり前転の場合には足がマットに着く直前に、膝を曲げて小さくなり、立ち上がるのです。皆さんも仰向けに寝ていて、身体の向きを変えずに立ち上がろうとする際、脚を上げて振り下ろすことをすると思います。これが「回転加速技術」です。

図4-4 回転加速技術

　こうした動きをすることによって、回り終わりの際の回転速度を大きくすることができます。回り終わりに回転速度が増すということは、回り終わりの回転の大きさがある程度大きくなっても回転できることを意味しま

す。前転の発展技である開脚前転や伸膝前転では、回り終わりの大きさが徐々に大きくなります。回り終わりの大きさが大きいのですから、回り始めの大きさが小さかったり、回転の途中で回転の勢いをつけたりすることができなければ、立ち上がることができなくなります。以上のことから、「回転加速技術」を身につけずに、「前転ができる」ことにしていては、発展技ができないのも当然であることをご理解いただけるでしょう。

　このように前転ができても開脚前転、伸膝前転ができない人が多い原因は、前転という基本的な技をより上手に実施するために必要な「回転加速技術」を身につけていないことにあるのです。

　図4-5は前転を実施したときの身体重心まわりの角運動量の変化を示したものです。時計回りの方向をマイナスにしていますから、マイナスの値が大きいほど（グラフの下方向ほど）角運動量が大きいことを表しています。図4-5左はしゃがみこんだ姿勢から小さな姿勢を維持してゆっくりと回転する前転、図4-5右は上で説明した、回転のはじめに手をやや前方に着いて、回転の途中に膝をできるだけ伸ばし、その後脚を振り下ろすようにして回転の勢いをつけ、回り終わりの直前に膝を曲げて小さくなり立ち上がる前転です。手を前方に着いた姿勢から脚でゆかを蹴ることによって、さらに回転後半の脚の振り下ろしによって、角運動量が大きく増加していることがおわかりいただけると思います。この二つの動作によっ

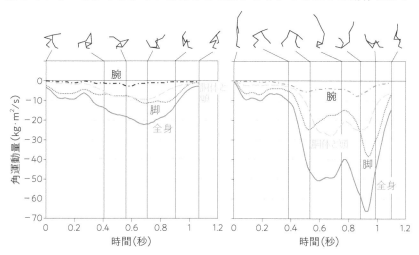

図4-5　前転時の角運動量の変化
[土屋、未発表資料]

「足」は足首から下の部分、「脚」は太腿付け根の関節から下全体を指します。　英語ではそれぞれfootとlegですが、日本語では同じ読みなので混同しがちです。

て獲得された、「よい前転」のための回転の勢い、すなわち角運動量の大きさは、左図の小さな姿勢を維持してゆっくりと回転する前転の3倍になっています。

　ところで、小学校学習指導要領の解説には

　「基本的な技とは、類似する技のグループの中で、最も初歩的で易しい技でありながら、グループの技に共通する技術的な課題をもっていて、当該学年で身に付けておきたい技のことである。」（小学校学習指導要領（平成29年告示）解説【体育編】・79ページ）

と記述されています。当然前転は開脚前転、伸膝前転といった「類似する技のグループ」の基本技ですが、その前転については、同じ学習指導要領解説で次のように解説されています。

　「前転　しゃがんだ姿勢から手で支えながら腰を上げ、体を丸めながら後頭部―背中―お尻―足裏の順にマットに接して前方に回転して立ち上がること。」

　読者の方はお気づきのことと思いますが、この記述では「順次接触技術」の重要性は読み取れても、「回転加速技術」の重要性はうまく読み取れません。現在の小学生には、高学年でも前転がうまくできない児童が増えているという現実があります。ぜひとも記述の再考をお願いしたいところです。

　前転では上述した回転加速技術によって回転の勢いを獲得することが大切であることはおわかりいただけたと思いますが、回転をともなうさまざまな技において、その回転の勢いを得ることは技をうまく行うために欠かせません。ゆかの技では前方もしくは後方にジャンプして回転する技が多いですが、こうしたすべての技において回転の勢いを得るための技術があるのです。

前転の後に直立する

　上で述べたことを整理しますと、よい前転とは、できるだけ大きな姿勢で回転を始め、頭頂からお尻までを丸めて徐々にマットに接していき、脚を振り下ろすようにして回転の勢いをつけ、足がマットに接する直前に膝を曲げて小さくなり立ち上がるというものです。次の写真上の膝が曲がっている前転ではなく、写真下の「よい前転」を目指してください。また、器械運動や体操競技ではよい動きを実現するための技術が習得されているかだけではなく、その過程の「美しさ」も評価の大きなポイントになります。

膝が曲がったままで「回転加速」がうまく行われていない前転

よい前転（脚が伸び、振り下ろしの勢いを使って「回転加速」している）

　「美しさ」とは何かを論ずることはたいへん難しいですが、体操における「美しさ」の典型は、不必要な関節の曲がりがないまっすぐな姿勢です。体操競技ではよく「下駄を履いているような姿勢」という表現がなされますが、これは足関節（足首）を背屈させた状態（足首が足の甲側に曲がっている状態）のことで、足首が底屈しておらず、つま先まできれいに伸びていない状態を指しています。つまり、「おい、下駄を履いているぞ」と言われれば、きれいに足が伸びていないから注意しなさいという意味です。前転をするときも、足がマットから離れている局面では常に足関節を底屈させ、つま先までまっすぐに伸ばすことが必要です。

　さらに、技を上手に見せるためには、技の開始姿勢と終了姿勢を明確にすることも大切です。技がいつ始まっていつ終わったのかがわからないようではいけません。前転では、まっすぐに直立した姿勢から開始し、立ち上がったら再びきちんと直立するとよいでしょう。

　技の開始姿勢と終了姿勢を明確にすることは、すべての体操の技に共通した大切なポイントです。というのも、一つ一つの技は覚えたての頃にはそれぞれ単独で行われますが、上手になっていけば技を連続して行うことも必要になり、ある技の終了姿勢は、次に行う技の開始姿勢になっていることが技をスムーズに連続して行うために大切だからです。例えば、後述するロンダートやバク転は、それぞれ単独で練習して習得できた後はそれらを連続して行うことになりますが、ロンダートの終了姿勢はバク転の開始姿勢でなくてはうまく連続して行うことはできないのです。

2021年に日本体操協会に体操競技選手として登録したおよその人数は、小学生3500名、中学生2300名、高校生2700名、大学生1300名、社会人490名です。

開脚前転・伸膝前転

　「回転加速技術」とは、できるだけ大きな姿勢で回転を始め、頭や背中がマットに接している回転の途中に膝をできるだけ伸ばし、脚を振り下ろすようにして回転の勢いをつけ、回り終わりの直前に小さな姿勢になる、ということであるのはすでに解説したとおりです。前転の場合、回り終わりの小さな姿勢とは膝を曲げたかかえ込み姿勢ですが、その発展技である開脚前転の場合には、膝を伸ばした開脚姿勢になります。

開脚前転

　膝を伸ばしますから、かかえ込み姿勢よりも回り終わりの大きさが大きくなるとはいえ、両脚を開いているために、膝を伸ばし脚をそろえて立つよりは小さな姿勢となることはおわかりいただけると思います。前転で膝をかかえ込んで小さな姿勢になるのは足がマットに着く直前ですから、開脚前転の場合には小さくなる、すなわち開脚するのは、脚を振り下ろして踵がマットに着く寸前ということになります。決して脚を振り下ろす前や回転途中の早い時点から開脚をしてはいけません。

　さらに、開脚前転の発展技が伸膝前転です。

伸膝前転

　おそらく小学校や中学校の体育の授業では、マットを３列以上並べて、端の列のマットでは前転を、その隣の列のマットでは開脚前転を、そしてその二つがうまくできたら反対側の端の列のマットで伸膝前転を練習しましょう、といった指導がなされている場合が多いのではないかと思います。こうした指導では、もっとも簡単な前転を実施する際の大切な技術の習得が、その発展技である開脚前転や伸膝前転につながっているという意識が薄れ、前転には前転の、開脚前転には開脚前転の、そして伸膝前転には伸膝前転のやり方（すなわち技術）が独立に存在しているように感じさせてしまいます。もちろん開脚前転にはある程度開脚ができる柔軟性が、伸膝前転には上半身を下半身に着ける前屈の柔軟性が必要ですが、大切な技術は共通しているのです。

　回転加速技術を覚えて開脚前転がうまくできるようになったら、開脚の度合いを少しずつ小さくしていってください。開脚前転では、手は両脚の間のマットに着きますが、開脚の度合いが小さくなって両手を両脚の間に着けなくなったら、足の外側に着きます。こうした練習をしていけば、伸膝前転は開脚前転の発展技であるということは容易に理解できると思います。開脚の度合いが小さい開脚前転や伸膝前転では、立ち上がりの姿勢をできるだけ小さくするために、上半身を下半身に着ける前屈の度合いをより大きくしていく必要があります。そのため、柔軟性のトレーニングもしっかり行ってください。

後転

前転と比べて後転は意外と難しい

　後転には前転と比べるとやや難しい点があります。それは、前転では手を着いて回り始める際に脚でマットを蹴れば、比較的容易に頭の上を身体が通過しますが、後転では回転の「中盤」に頭の上を身体が通過していくので、回転の勢いがなかったり、手をうまくマットに着けなかったりすると、頭の上を身体が通過しないことです。

　こうした問題を克服するためには、後転を練習する前に、まず「ゆりかご」といわれる運動を行うとよいでしょう（次の写真）。「ゆりかご」は、いわゆる体育座りの姿勢で、手のひらを上に向けて耳の横に着け、後ろに転がってお尻を持ち上げ、手のひらがマットに着いたら元の体育座りに戻

日本体操協会には選手以外に体操競技の指導者1900名、審判員3800名が登録されています。

るという動作を繰り返し行う運動です。手のひらをきちんとマットに着くことができるように練習しましょう。

ゆりかご

　「ゆりかご」は、後転の際の手の着き方だけではなく、前転と同じように背中を丸めて転がるという動作を習得するうえでも大切な運動です。さらには、後転の回転を生み出すという大事な技術の練習にもなっています。体育座りの姿勢から後ろに転がる際、どうやって後ろに転がる勢いをつけているのか、考えてみてください。体育座りの姿勢を厳密に一切変えることなく後ろに転がっている人はまずいないでしょう。体育座りの姿勢から後ろに転がる際には、足の裏はマットに着けたままで、太腿とお腹を離していき、まずは上半身を後ろに倒すはずです。これが後転の回転の勢いをつける大切な動作、「回転加速技術」です（金子、1986）。前転では脚の振り下ろしが回転の勢いをつける動作であったのに対し、後転は上半身の後方への倒しが回転の勢いを生み出す大切な動作なのです。直立姿勢から後転を実施する際には、しゃがんでお尻をマットに着けた後、上半身を後ろに倒すことを意識してください。その際には、勢いをつけすぎて後頭部をマットに強打しないように、また、忘れずに手を耳の横においてマットに手を着く準備をしておくようにしてください。

　後転の回り始めにおいて、さらに回転の勢いをつけるために大切な動作があります。それは、直立姿勢からしゃがんでお尻をマットに着ける際、お尻がマットに着く寸前に膝を伸ばし、できるだけ踵から離れた位置にお尻を着くようにすることです（下の写真★印）。これによって後方への勢い（後方移動の速度）が生まれ、回転もしやすくなります。この動作の後で、上半身を後ろに倒せば、後転に必要な回転の勢いが生み出せます。

後転

　お尻を遠くに着き、上半身を倒した後は、やや伸びている膝を勢いよく曲げてかかえ込み、マットに手を着いて後ろに回転します。膝を勢いよく曲げて、大きな姿勢から小さな姿勢にすることによって、回転の速度を増加させるのです。これらがうまくできれば、思ったより容易に後転ができると思います。

　後転を上手にできるようにして、後方に回転する技における頭の上を身体が通過する動作や、後ろに回転して手をマットに着く動作に慣れるとよいでしょう。

開脚後転・伸膝後転・後転倒立

伸膝後転

　後転の発展技には、開脚後転や伸膝後転（上の写真）、さらには後転倒立があります。これらは後転の後半部分が変化したものです。こうした技に発展させていくためには、後転で手を着いて立ち上がる際、手でマットを強く押すと同時に、膝をかかえ込んでいた姿勢から、股関節と膝関節を勢いよく伸ばす（伸展する）ことが必要です。その練習としては、後転において、手を着いた位置よりもできるだけ遠くに立ち上がることをまず行うとよいでしょう。お尻を遠くに着き、上半身を後ろに倒し、その後で膝と腰を曲げて小さくなりながら手を着くところまではこれまでの後転と同じですが、頭の上を身体が通過したら、ゆかに着いていた手でゆかを強く押すと同時に、曲げていた股関節と膝関節を一気に伸ばして、手を着いた位置からできるだけ遠くに立つことを目指すのです。この時点では上方向に伸びるような意識は必要ありません。遠くに立つために脚を勢いよく伸ばす方向は水平方向ですから、水平方向を意識して脚を伸ばしてください。この練習では、水平方向の勢いが十分につき、手がゆかから離れた後に一瞬身体が宙に浮かんで立てるようになることを目指してください。こうした練習に慣れてきた後、立ち上がる前に脚を開けば開脚後転になりますし、脚を開かず膝を伸ばせば伸膝後転になります。手でゆかをじわりじわりと押しながら、腿や膝の裏が伸ばされて痛いと思いながらようやく立ち上が

前転も後転も、うまく転がれない場合には跳躍板の上にマットを敷くなどして、緩やかな斜面をつくって練習するとよいでしょう。

るのが開脚後転や伸膝後転のあるべき姿ではありません。なお、前ページの写真のようにはじめから膝を曲げずに後転を行う際には、股関節を曲げて「おじぎ」をし、重心の高さを下げることが大切なポイントです。

　膝を曲げて回り始める後転で結構ですから、遠くに立つという後転ができたら、回転の後半で脚を伸ばす方向を少しずつ上方向にしていきます。無理をせず、30度、45度、60度というように脚を伸ばす方向の目標を少しずつ上げていくとよいでしょう。90度にできれば後転倒立になります。脚を伸ばす方向が高くなるにつれて重力に逆らって上方向に伸びなければならなくなっていきますから、ある程度の腕の力は必要です。とはいえ、回転と腕、腰、膝を伸ばすスピードがあれば、大きな力を使わずとも十分に倒立となることが可能です。

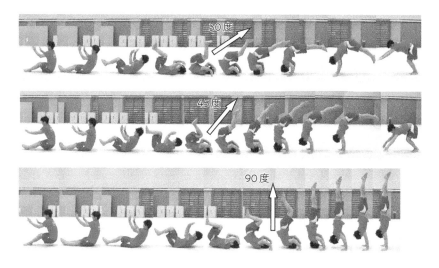

　後転倒立では当然ながら最終姿勢は倒立となるわけですが、後転倒立の練習によって倒立の姿勢に慣れることはもちろん、後転倒立をした状態から着地する動作は、バク転の終盤での動作の練習にもなります。後転倒立は簡単ではありませんが、身につけておくと後方回転技の習得においてプラスになるでしょう。

側転

　側転は、正式名称を「側方倒立回転」といいます。その正式名称からわ

かるとおり、側方に倒立を経由して回転する技です。この技は倒立を経由するので、倒立に習熟しているにこしたことはないのですが、ここでは倒立をあまり意識しないで側転を習得する方法について紹介しましょう。側転はバク転や後方の宙返り技の前に行われるロンダートの習得のために避けては通れない技です。以下に練習の手順を紹介します。

　まずは姿勢と脚の振り上げの練習です。倒立をするときのように、左右の手を肩幅程度の間隔でマットに着き、腰を曲げた姿勢をとります。左右の脚も肩幅程度に開いておきます。膝は軽く曲げてください。

①その姿勢から、左右どちらかの脚を軽く振り上げます。このときに振り上げる脚を「振り上げ脚」、他方の脚を「踏み切り脚」と呼びますが、左右どちらの脚を振り上げ脚にするかは、自分のやりやすいほうで結構です。ふつうは倒立を行う際と同じ振り上げ脚、踏み切り脚でしょう。振り上げ脚をやや後ろに、踏み切り脚をやや前にして両脚を前後に開いた姿勢から、振り上げ脚の振り上げを行います。振り上げ脚を振り上げたら、元の姿勢にしっかり戻ります。

②これができたら、次は、振り上げ脚を振り上げ、踏み切り脚でゆかを軽く蹴って、一瞬両腕だけで身体を支え、両脚を下ろして元の姿勢に戻ります。振り上げ脚はあまり高く振り上げる必要はありません。

③次も同じように振り上げ脚を振り上げ、踏み切り脚でゆかを軽く蹴って、一瞬両腕だけで身体を支えますが、両脚を下ろす際、踏み切り脚よりも振り上げ脚を先にゆかに下ろします。すなわち、両腕で身体を支えている間に、先に振り上げた振り上げ脚と後から振り上げる踏み切り脚を「入れ替えて」、先に振り上げた振り上げ脚が先にゆかに着地するようにします。実はこの脚の「入れ替え」が、側転の大切なポイントになります。

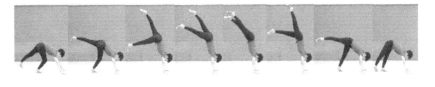

後転倒立の発展形に「伸腕後転倒立」があります。肘を曲げずに、小指側から手をゆかに着き、脚を伸ばす勢いと肩の伸展で倒立姿勢となる技です。

④次は腕の練習です。これまでは両手をゆかに着けた姿勢で脚だけを動かしましたが、今度は最初、手はゆかから離しておきます。この姿勢から両手を同時にゆかに着いて、脚は③と同じことを行います。

⑤次に、両手を同時にゆかに着くのではなく、左右の手を時間差をつけてゆかに着きます。先に着く手は、振り上げ脚とは反対側の手です。振り上げ脚が右脚である場合は、左手、右手の順にゆかに手を着き、右脚を振り上げ、左脚で踏み切り、右足、左足の順に着地します。振り上げ脚が左脚である場合は、右手、左手の順にゆかに手を着き、左脚を振り上げ、右脚で踏み切り、左足、右足の順に着地します。

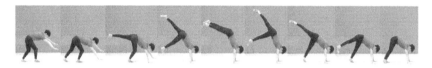

⑥次もやることは同じですが、自分の目の前に半径1m程度の円があるとイメージし、その円周上に手を着き、足を下ろすようにします。振り上げ脚が右脚である場合は、円周上に、時計回りの方向に左手、右手の順に着き、右足、左足の順に着地します。振り上げ脚が左脚である場合は、反時計回りの方向に右手、左手の順に着き、左足、右足の順に着地します。このとき、手―手―足―足と着く時間（リズム）と、それぞれの間の距離をできるだけ一定にするように心がけてください。また、円周上に左右の手も足も乗せることを忘れないでください。

⑦イメージした円の大きさを、徐々に大きくしていってください。その際、手を着くときには、指が円の外側を向いているようにし、両足が着地する

ときには手がゆかから離れるようにします。円の大きさが大きくなっても、円周上に手も足も乗せることはこれまでと同じです。

⑧イメージする円をどんどん大きくしていってください。円の大きさが大きくなれば、円弧は直線に近づいていきます。この場合、イメージした直線上ではなく、直線に対して斜めの向きから始めるとよいでしょう。

　また、大きな円周上や直線上で行う側転では、身体の側方への回転が大きくなる必要があります。その回転の勢いは、振り上げ脚の振り上げと踏み切り脚での踏み切りの強さによって生み出す必要がありますので、振り上げ脚を勢いよくゆかの上にイメージした直線のできるだけ真上に振り上げ、踏み切り脚でゆかを力強く蹴ってください。このとき、両手両足のすべてを一直線上に乗せるようにすることを忘れないでください。後から着く手の指は、進行方向に向くのではなく、親指側にややひねった方向に向けてください（図４−６）。指が進行方向に向いていると、立ち上がりの際に手首が強く背屈されすぎて、バランスをとりにくくなり、一直線上に立つことができない場合がよくあります。

　これで側転はほぼ完成です。ただし、この練習では側転をする方向に対

して身体が横向きとなる姿勢から始めていましたが、慣れてきたら、最終的には側転を行う方向に対して身体が正面向きとなる姿勢から始める練習をしてください。なぜなら、より勢いをつけた側転を実施したり、側転の発展技であり次に紹介するロンダートを行ったりする際には、助走から始めるからです。当然ですが、助走は進行方向の勢いをつけるために前向

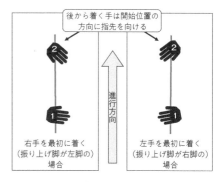

図4-6　側転における手の着き方

き、つまり側転やロンダートをする方向を向いて走ります。横向きで助走する人はいません。正面向きから側転を行う際には、開始姿勢は両脚を前後に開いた姿勢を目指してください。

　ところで、ここまで側転の終了姿勢については何も指摘していませんでした。正しい側転の終了姿勢は、進行方向の真横を向いた「大の字」立ちの姿勢です（下の写真★印）。前転の項でもふれましたが、技をきれいに見せるためには、技の開始姿勢と終了姿勢を明確にすることが大切です。助走からではなくその場から側転を行う場合、正しい開始姿勢は正面向きで両腕を前方もしくは上方にまっすぐ上げた姿勢、そして終了姿勢は進行方向に真横を向いた「大の字」立ちの姿勢です。側転の開始姿勢と終了姿勢がうまくできないと、ロンダートも上手にできません。もちろん終了姿勢のときの両脚は、最初に立った位置からまっすぐに伸びた直線上になければいけません。

側転

　さて、その場での（助走なしの）正面向きからの側転がうまくできるようになったら、助走からの側転にチャレンジしてみましょう。助走から側転を行うには、通常、助走と側転の間に「ホップ」と「ステップ」が挟まれます。ホップとは片方の脚で踏み切って、その踏み切った脚で着地する動

作、ステップとは着地した脚と反対側の脚を踏み出す動作です。ホップと
ステップを左右の脚で交互に行う動作がスキップですから、スキップがで
きれば問題なくできるでしょう。助走から側転の振り上げ脚でホップし、
反対側の脚でステップを行えば、これまでその場での側転を練習してきた
ときと同じ正面向きの開始姿勢になるはずです。はじめのうちはこの姿勢
でいったん止まって、そこから側転を行います。ここで止まらずに、いき
なり勢いをつけてそのまま側転を行うと、今までできていたことができな
くなってしまう可能性がありますから、ここは慎重に行ってください。止
まる時間を徐々に短くし、最終的には助走、ホップ、ステップからスムー
ズに側転ができるようにします。

助走、ホップ、ステップからの側転

　この段階での側転の終了姿勢は、助走なしの場合と同じく「横向き大の
字」です。助走をつけた練習をするときも、振り上げ脚を勢いよく振り上
げ、踏み切り脚でゆかを力強く蹴ることを意識してください。

ロンダート：ひねりの導入

　さて、助走からの側転がうまくできるようになったら、いよいよその発
展技であるロンダートの練習に進みます。ロンダートは、正式には「側方
倒立回転とび1/4ひねり」といい、その名称のとおり、側転に「とび局面」
と「1/4ひねり」が加わる技です。とび局面とは、ゆかに手も足も着かず、
身体が宙に浮いている瞬間のことです。1/4ひねりとは、ここまで練習し
てきた側転の最終姿勢である横向きから、360度を1回転としてその1/4、
つまり90度だけ側転を開始した方向に向きが変わるように着地する、と
いうことです。

側転は英語では「Cartwheel」といいます。cartは荷車、wheelは車輪の意味です。

ロンダート

　まずは側転に1/4ひねりを加える練習から行います。この練習は、助走からではなく、その場から開始するようにします。助走によってスピードがつくと、身体の動きをコントロールすることが難しくなりがちだからです。側転と1/4ひねりを加えた側転との違いは着地姿勢ですが、最初は側転を行って横向き大の字に立った後で、元にいた方向を向きながら、両腕を肩の高さでそろえてください（下の写真★印）。両足のつま先の向きも、また胸もお腹も、元にいた方向に向けます。もちろん両手と両足は一直線上に乗るようにします。この姿勢が終了姿勢です。

　次に、上の写真のように両手をゆかに着いてから終了姿勢までの間に、横向き大の字の姿勢を経由することがなくなるように練習してください。このとき、手は、ゆかから離れたら最短距離で目標としている最終姿勢の位置にたどり着くようにしてください。すなわち、横向き大の字から向きを変えたときのように、はじめにゆかから離れた手が一度身体の側方に位置してぐるっと回って肩の高さにそろうといったことがないようにします。また、お腹や胸は横向きのまま、手だけが元にいた方向を向いているまるで元祖仮面ライダーの変身ポーズ（中年の方はおわかりになるでしょう！）のようになってしまってもいけません。

　ここまでうまくできるようになったら、次は両脚をそろえて立てるようにします。そのためには、勢いよく振り上げた振り上げ脚に踏み切り脚をできるだけ素早くそろえることが必要です。その一方で、踏み切り脚でしっかりとゆかを蹴ることを忘れないでください。振り上げ脚をしっかりと振り上げ、踏み切り脚をそれにそろえ、両腕でゆかを強く押して、できるだけ上半身が立ち上がった姿勢で立てるようにします。終了姿勢は、両腕を肩の高さでそろえ、両脚を元にいた方向に向けてそろえ、立っている姿勢です。これができるようになったら、さらに両脚をそろえるタイミン

グを、着地する寸前から少しずつ早めていきましょう。このとき、脚の振り上げ、踏み切り、腕の押しが強くできれば、「とび局面」が現れてロンダートになるでしょう。なお、左右の手は一直線上に着くようにしてきましたが、ひねりを容易にするためには、左右の手はゆかにイメージした直線をまたぐように着くことをお勧めします（図4-7）。

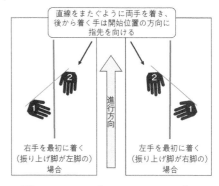

図4-7　ロンダートにおける手の着き方

さらに、次のような練習もぜひ行ってください。両手をハの字にして着いた倒立から脚を下ろして立つ練習ですが、ただ脚を下ろすのではなく、倒立で足先を元の位置に残したまま一度少し反った姿勢になって、膝や腰をあまり曲げることなく身体をできるだけ伸ばしたままその反動と腕の押しを使って勢いよく立ち上がるのです。これを「倒立からのはね起き」と呼びます（下の写真）。これはロンダートにおいて、倒立からとび局面をともなって勢いよく立ち上がるための練習ですが、バク転における倒立以降の動きの練習にもなる大切な練習です。

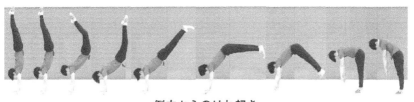

倒立からのはね起き

ここまでの練習がうまくいき、目標とする終了姿勢ができるようになったら、助走、ホップ、ステップからロンダートを行います。はじめのうちは側転の練習のときと同じように、ホップの後で一度立ち止まってから行うとよいでしょう。一度立ち止まっても、その後に振り上げ脚を勢いよく振り上げ、踏み切り脚でゆかを力強く蹴ることを忘れないでください。このときの終了姿勢も、両腕を肩の高さでそろえ、両脚を元にいた方向に向けてそろえて立っている、というこれまでと同じ姿勢です。開始位置から終了姿勢まで、左右にぶれずに一直線を保つことも意識してください。

「ロンダート（Rondat）」は、側転とび1/4ひねりを指すドイツ語です。英語では「Round off」といいます。

助走、ホップ、ステップからのロンダート

ところで、ロンダートができる方の中には、ロンダートの終了姿勢にお
いて腕を肩の高さ以上に、さらには腕を真上に上げている方をよく見ま
す。こうした動作が「ロンダートからジャンプをする」という目的で、明
確に意図されて実施されているのであればいいのですが、ロンダート自体
の完成形としては問題があります。バク転の項で詳しく述べますが、体操
競技においては通常、ロンダートに続いてバク転や、バク宙などの後方の
宙返り技を実施します。バク転や後方の宙返り技を実施する際には、両腕
を振ることが求められますから、腕を大きく振るには最初の腕の位置は肩
の高さよりもずっと低い位置にあったほうがよいのです。垂直とびで高く
とび上がろうとする場合、腕は下から大きく振り上げると思います。バン
ザイの姿勢から腕をそれ以上振ることは難しく、この姿勢からでは高い
ジャンプはできません。ロンダートの終了姿勢はバク転や後方の宙返り技
の開始姿勢となりますから、これと同じように、両腕が肩よりも上にある
というのはよくありません。両腕は肩の高さよりもずっと低い位置でしっ
かりとコントロールし、やや膝を曲げて両脚で立ち、顎は締めておくこと
をお勧めします。

なお、すでに述べたように、ロンダートは体操競技においてバク転や後
方の宙返り技の前に行われる、これらの技をやりやすくするための重要な
技です。側転とロンダートは必ず習得しておきましょう。

首はね起き

首はね起きは、映画やプロレスでよく行われますから、その名前はわか
らなくても比較的よく知られた技であると思います。ただし、映画やプロ
レスでは膝関節や股関節を屈曲させたかかえ込み姿勢で立ち上がる場合が

多く見られます（下の写真）。

首はね起き

かかえ込み姿勢での首はね起き

　このかかえ込み姿勢は第2章で説明したとおり、慣性モーメントが小さく回転しやすい姿勢ですから、楽に実施しやすいということになりますが、体操の技としては、膝関節・股関節をできるだけ伸展させた姿勢で立ち上がることが求められます。この姿勢は次に紹介する前転とび（ハンドスプリング）の立ち上がり姿勢にも通じるものですから、ぜひ大きな姿勢で立ち上がることができるように練習してください。

　この技の実施に必要な技術は、仰向けに寝た状態から股関節や背中の伸展を勢いよく行うことと、それにタイミングをあわせて肘の伸展によるゆかの突き放しを行うことです。屈曲させていた股関節や背中を勢いよく伸展させ、腕の突き放しとあわせて素早く起き上がる動作を「はね起き」と呼びます。首はね起きは、首の後部をゆかに着けた姿勢からはね起きを行う技です。これと似た技に、おでこや頭頂をゆかに着けた姿勢からはね起きをする頭はね起きという技もあります。

　はね起きでは、仰向けに寝た姿勢から、膝が顔の近くに来るくらいに股関節を屈曲させた後、素早く股関節を伸展させ、背中を反らします。その際、真横から見て脚が弧を描くように脚をはね上げます。はね上げた後の脚は、お尻の真下に振り込むイメージでつま先からゆかに着地してください。首はね起きのような前方に回転する技では、足が着地するゆかは背中側にありますから、着地するゆかを着地前に目で見て確認することができません。そこに前方回転系の技の難しさがあるのですが、たとえ目で見ることができなくても、足の裏でこれから着地するゆかを「さぐる」意識を首はね起きの練習時にもってください。それが次の前転とびの練習時にも

体操競技におけるゆかの面積は12×12メートルの正方形。男子は70秒間、女子は90秒間で演技をします。女子の場合は音楽に合わせて演技を行うことになっています。

59

大きく役立ちます。さて、股関節および背中の伸展と同時にゆかを手のひらで強く突き放すとともに、肩関節は屈曲させ（脇を開き）、肘関節は伸展することも忘れないでください。背中を反らせた大きな姿勢で立ち上がるためには、股関節の伸展の素早さと腕の突き放しの強さが必要ですが、あわせて背中をしっかりと反らせることができる柔軟性も必要です。

　股関節伸展の際、真横から見て脚が弧を描くように、と述べましたが、この脚をはね上げる方向が身体の真上の方向になると身体の回転が十分に得られず、背中から着地することになってしまいます。また反対に脚をはね上げる方向が前方すぎると、身体が回転する空間が小さくなってしまい、足の裏で立つことができないか、立つことはできても腰や膝を曲げたかかえ込み姿勢になってしまいます。脚をはね上げる方向は、やや前上方です。もちろん望ましい方向にはね起きをしても、その勢いが足りなければ大きな姿勢で立つことはできません。

前転とび

　学習指導要領において、マット運動の回転系ほん転技群（ほん転とは「回転中に手と足のみがゆかに接する」という意味）に分類される技でもっとも難しい技が前転とび、正式名称は「前方倒立回転とび」です。体操競技では転回あるいはハンドスプリングとも呼ばれます。英語では「Forward Handspring」といいます。体操競技の採点規則ではもっとも難度の低いA難度の技です。ここでは前転とびと呼んでいきましょう。

前転とび

　通常この技は、先ほどのロンダートと同じく、助走、ホップ、ステップから行います。上級者は助走やホップなしでもできますが、前方への回転の勢いをもらいやすい助走からの実施を練習しましょう。助走自体は側転、ロンダートのときと同じで、助走、ホップ、ステップからスムーズにロンダートができれば問題ありません。

　ロンダートでは左右の手を前後に開いて着きますが、前転とびでは倒立と同じように左右に開いて着いて脚を振り上げます。その後、手がゆかから離れてやや反った姿勢で前方に回転し、再び両脚で立つ技が前転とびです。

　前転とびの成否のカギを握るのは、何と言ってもゆかに手を着く局面の動作です。このときの振り上げ脚の振り上げと踏み切り脚での踏み切りの大きさが、前転とびの前方への回転の勢いに大きく影響します。両手がゆかに着いているときには、脚が前後に開いた倒立を経由することになりますが、このときにできるだけ脇が180度に開いていて、肩で身体をしっかり支えている必要があります。脇が開かれずにやや閉じた姿勢では、「肩が前に出た」姿勢で倒立することになり、身体を支えることができません（写真右下）。さらに、顎を閉めて（前屈させて）しまうと背中が丸まってしまい、これも身体をしっかりと支えることができなくなってしまいます（写真左下）。首を後屈させてゆかをしっかりと見て脇を開き、背中を反らせるようにしましょう（写真上）。振り上げ脚を勢いよく振り上げるためにも、背中を反らせることが大切です。この点は倒立とは異なる点です。逆に、背中が丸まっているということは、脚が勢いよく振り上げられていないといえます。

　その後、手でゆかを「突く」ことで手がゆかから離れ、前方に回転して再び足で立つわけですが、手がゆかから離れた後もずっと身体を反らせた姿勢を保ち、着地に至るようにします。

首が前屈して背中が
丸まった姿勢

肩が前に出た姿勢

前転とびを上手に行うための大切なポイントをまとめますと、①助走、ホップ、ステップ、②倒立と同じように、両手でしっかりと身体を支える、③その際にはゆかをしっかり見て背中をやや反らせる、④振り上げ脚を勢いよく振り上げ、踏み切り脚でゆかを力強く蹴る、⑤手でゆかを突いて身体が宙に浮いた後も、着地までずっと身体を反らせた姿勢を保つ、ということになります。

　こうしたポイントをうまくできるようになるための練習は、次のようなものです。最初は勢いをつけずに、ゆっくりと動作を確認しながら、また補助者に手伝ってもらって行うようにしてください。ただし、これから紹介する練習は、倒立がきちんとできることを前提にしています。倒立に不安がある方は、まず倒立の練習をしっかり行っていただきたいと思います。倒立状態で静止できなくても問題ありません。

①最初の練習は、倒立の姿勢からマットに背中から倒れる練習です。振り上げ脚を振り上げて倒立をしたら、そのままマット上に倒れるのですが、この際、倒れるまでできるだけゆかを見つづけ、お尻や肩ではなく、踵が一番先に柔らかいマットに着くように倒れます。補助者は実施者の背中を支えるようにして、勢いよく倒れないように補助してください。くれぐれも視線は手を着いた場所をできるだけ見つづけることを忘れないようにしてください。この練習では、背中側に倒れるときに顎を引いてしまう人がよく見られますが、顎を引かないことをしっかりと意識して実施してください。

②倒立姿勢から倒れることに少し慣れてきたら、一瞬だけでよいので足の裏で柔らかいマットを踏みつけるようにしてください。先ほどの首はね起きの説明でも述べたとおり、背中側にあるマットを「さぐり」、しっかりと足の裏をマットに着けるのです。これが着地の感覚を理解するうえで重要です。

③さらに慣れてきたら、倒立を数十cmほど高いところで行い、それから背中側に倒れていき、倒立をしている場所よりも低いところにブリッジをする練習をします。このとき、ブリッジで静止する必要はありません。もし補助者がいるなら、しっかりと補助者に補助をしてもらい、ブリッジの後に安全に立たせてもらってください。補助者は二人いるとなおよいでしょう。

④次に、実施者は倒立をして、背中がやや反った姿勢で背中側に倒れますが、その姿勢のままで補助者に身体を回転させてもらい、ブリッジを経由せずに立たせてもらってください。背中がやや反った倒立姿勢のままでいるわけですから、立たせてもらったときの姿勢は、背中がやや反って手はバンザイ、そして首が後屈して視線は天井、というのが理想です。くれぐれも立ち上がる際に両腕を左右に開かないようにしてください。補助者を殴ってしまいますから。

⑤この練習に慣れてきたら、倒立をホップ、ステップから行うようにします。最初はステップの後で一度止まっても結構です。スピードがつくとゆっくり行っていたときにできていた動作がうまくいかなくなる、あるいはゆっくり行っていたときには意識できていたことが意識できなくなる、

ゆかの演技中に12×12メートルの正方形のラインからはみ出ると減点となります。また、正方形のすべての四隅に1回は到達する必要があります。

ということがよくあります。無理をせず、徐々にスピードをつけて倒立を
するようにしてください。

　この練習をしながら、振り上げ脚の振り上げと踏み切り脚での踏み切り
を次第に強くし、前方へ回転するスピードが増すようにします。回転のス
ピードが増しても、補助者は補助が間に合わないということがないように
しっかり補助をしてください。
　振り上げ脚の振り上げと、踏み切り脚での踏み切りを強くする練習とし
ては、次のようなものがあります。すなわち、手を着く場所を見て、しっ
かりと両手で身体を支え、立てかけたマットを振り上げ脚で力強く蹴ると
いう練習です（下の写真）。この練習時にも補助者がついて、腰を支えるよ
うに補助をしてあげるとよいでしょう。実施者は、倒立姿勢になる際、振
り上げ脚をまっすぐな倒立姿勢を通り越して背中側に大きく振り上げるよ
うにして身体を反らせ、そこへ後から踏み切り脚をそろえます。すなわち、
ちょうど「Yの字」のような姿勢を経由します。

　⑤の動作を最初の高さで楽にできるようになったら、次第に倒立をする
場所の高さを低くしていきます。それと同時に、補助者が補助をする程度
も軽くしていきます。最終的には平らなゆかでできるようにします。

　ところで、前転とびとよく似た技に「前方倒立回転」があります。前転とびは、「とび」という表記からわかるように、回転するときに身体のどの部分もゆかに触れない局面が手を着いた後にあらわれます。これに対して前方倒立回転は、手を着いた後、ブリッジのように身体を前方に回転させ、手がゆかから離れる前に足をゆかに着く技です（下の写真）。

前方倒立回転

　前方倒立回転では、倒立から両脚をそろえたまま回転して両脚で立ち上がることもあれば、両脚を前後に開いた倒立をし、そのままの姿勢で回転して片脚で立つこともあります（下の写真）。

　前転とびで両脚をそろえて立つことが楽にできるようになったら、脚をそろえて立たずに振り上げ脚から先に着地することも練習してみてくださ

前方倒立回転は新体操でよく見られる技です。体操競技は英語で Artistic Gymnastics ですが、新体操は音楽に合わせて行われることから Rhythmic Gymnastics と表されます。

い。これができるようになれば、前転とびの連続が可能になります。

バク転

バク転に必要な速度・角運動量

　バク転は「後方倒立回転とび」といわれることもありますが、体操競技での正式名称を「後転とび」といいます。バク転という名称は、バック、つまり後方へ回転する、ということから付いたものと思われます。「大人のためのバク転教室」というものが全国各地で開催されているくらいですので、一般の方にとっても、バク転は一度はやってみたいあこがれの技でしょう。しかし、体操競技のゆかでは、バク転は助走、ロンダートに続いて行われ、この技だけを単独で実施することはまずありません。近年の体操競技のゆかの演技では、演技時間が限られている中で、12 m四方という広さを有効利用しながら数多くの技を実施する必要があるために、このバク転を行わず、助走、ロンダートからすぐに後方の宙返り技を行う場面もよく見られます。しかしながら、特に後方かかえ込み3回宙返りや後方伸身2回宙返りのような後方宙返りの大技は、助走、ロンダート、バク転から実施されることがふつうです。

　宙返りが行われる空間の大きさや宙返りの回転数は、かかえ込み、屈身、伸身といった姿勢と、宙返りへ踏み切るときの水平・鉛直方向の速度、角運動量によって決まります。より大きな空間や回転数をもった大技を実施するためには、それに必要な速度と角運動量を得ることが求められます。

　体操選手は助走、ロンダートから、あるいは助走、ロンダート、バク転から後方宙返り技を行う際、行う技によって踏み切りのしかたを変えています。その一例を紹介します。

　助走、ロンダートに続いて行われるバク転の終盤の局面は、次の後方宙返り技の踏み切り姿勢となります。後方かかえ込み2回宙返りと後方伸身2回宙返りという異なる後方宙返り技について、踏み切り局面における姿勢の変化、および、身体がもっている水平・鉛直方向の速度と角運動量の変化を比較したのが図4-8です（Hwangら、1990）。図4-8上は踏み切り中の姿勢の変化を「スティックピクチャー」によって示したもので、左が後方かかえ込み2回宙返り、右が後方伸身2回宙返りへの踏み切りです。ゆかから伸びている直線は、つま先と身体重心を結んだ線を示して

います。それぞれの図の一番左のスティックピクチャーがバク転の終末局面、一番右が宙返りへの踏み切りで脚がゆかから離れる瞬間です。この線の傾きを見れば、二つの技の踏み切りでは身体全体の傾きが異なっていることがおわかりいただけると思います。後方伸身2回宙返りは、後方かかえ込み2回宙返りに比べて、バク転から足をゆかに着くときも、宙返りへつなげるときも、身体の傾きが大きく後方へ傾斜しています。

図4-8下は踏み切り局面において身体がもっている水平・鉛直方向の速度と角運動量の変化を比較したものです。後方伸身2回宙返りは、後方かかえ込み2回宙返りに比べて、踏み切り中にバク転の際にもっていた水平速度をあまり低下させず、水平方向の速度を鉛直方向に大きく変えることなく、また角運動量の低下が抑えられていることがわかります（一番右の角運動量の図は、後方への回転をマイナスにして表しているので、グラフの下へいくほど後方回転の角運動量が大きく、上へいくほど小さくなっていることを示します）。

このように体操選手は、後方宙返り技への踏み切りの際、それまでに身

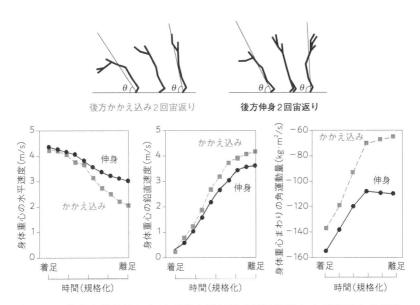

図4-8　後方宙返り技における踏み切り時の姿勢変化および速度と角運動量の変化

[Hwang, I. et al.: Journal of Sport Biomechanics, 6: 177-186(1990)より一部改変]

新体操は1930年代に旧ソ連で誕生した芸術体操に端を発しています。1963年に第1回の世界選手権が開催されました。

体がもっている水平方向の速度をどの程度鉛直方向に変換するのか、どの程度角運動量を維持するのかを技によって変えているのです。したがって、次に後方宙返り技を行うときのバク転は、必要な速度と角運動量を得るための助走的な役割をもって実施される技であるといえます。水平方向の速度の大部分は助走とロンダートで得られていますから、それを維持すること、あるいは、バク転によって増加させることが求められます。また後方への回転を可能にする角運動量はまずロンダートで得られますが、バク転ではその大きさをさらに増加させることが求められます。

図4-9左は、助走→ロンダート→バク転→後方宙返りを実施したときのバク転における身体重心の位置変化、運動量（質量×速度）、身体重心まわりの角運動量の変化を示したものです。ここで、質量は体重ですから、運動量の変化は速度の変化を表していることになります。

この図から明らかなように、ロンダートから実施されたバク転では、身体重心の高さはほとんど変化しません。高さが変化しないということは鉛直方向の速度は０（ゼロ）であるということですから、鉛直方向の速度もほぼ０で推移しています。水平方向の速度は、助走とロンダートで得られていて、バク転の実施中にはあまり大きな変化はありません。バク転から後方宙返りへの踏み切り時に、水平方向の速度が低下し、鉛直方向の速度が増加することはすでに上で見てきたとおりです。一方、角運動量は、ロンダートの終了時点ですでに得られていて、ロンダートからバク転への踏み切り時にさらに増加し、それ以降はあまり変化しません（角運動量は後方への回転方向をマイナスとして表していますから、マイナスの値が大きくなるということは後方への回転の勢いが増す、ということを示しています）。助走→ロンダート→バク転→後方宙返りの実施時に行われるバク転は、助走とロンダートによって得られた水平方向と鉛直方向の速度をそれぞれ維持し、角運動量を増加させるために行われる、といえるでしょう。

一方、直立姿勢からその場で（助走なしで）行われるバク転では、最初、身体は静止しており、速度や角運動量をもっていませんので、水平方向や垂直方向へ移動するための速度と、水平方向へ回転するための角運動量をバク転への踏み切りでゼロから生み出さなくてはなりません。

図4-9右は助走なしでバク転をしたときについてのグラフです。直立姿勢から行われるバク転の身体重心の位置は、助走→ロンダートから行われるバク転に比べて上下動が大きいことがわかります。身体重心の高さ

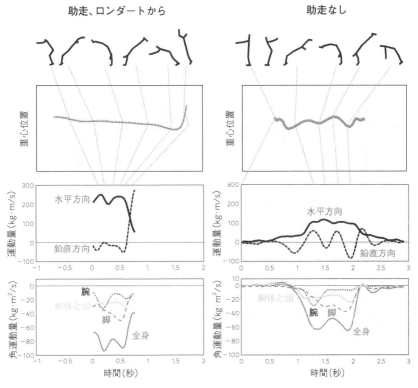

助走、ロンダートから　　　　　　助走なし

図4-9　助走→ロンダート→バク転→後方宙返りを実施したときおよび
　　　　助走なしのバク転を実施したときのバク転の身体重心の位置変
　　　　化、速度、身体重心まわりの角運動量の変化
　　　　[土屋、未発表資料]

は、バク転への踏み切りを準備する際に、膝関節や股関節を曲げるために
一度低くなり、それらの関節を伸ばして斜め後方に踏み切るので上昇しま
す。空中に跳び出した後は重力の影響で重心は放物線を描きますが、手が
ゆかに着いて腕で身体を支え、身体を押し返すときに再び上昇に転じま
す。その後、手がゆかから離れて足が再びゆかに着くまで、重心の高さは
低下していきます。こうした動きは鉛直方向の速度の変化にも表れていま
す。
　一方、水平方向の速度は、バク転への踏み切りの際に大きく増加し、そ
の後、手がゆかから離れるまでほぼ一定に保たれています。また、角運動
量は、踏み切り動作中の腕の振り、上半身の後傾、脚の踏み切りによって

新体操は五輪では1984年から個人総合が正式種目になり、1996年からは団体も正式種目になりました。男子も正式種目採用を目指しています。

後方回転方向へ大きく増加します（グラフのマイナスの値が大きくなります）。

このように助走なしで行われるバク転では、後方へ移動するための水平方向の速度、上方へ跳び上がるための鉛直方向の速度、そして後方への回転を生み出す角運動量は、バク転への踏み切り時に大きく増加する、ということがわかります。したがって、踏み切りの良否がバク転の成功のカギを握る、といえるでしょう。水平・鉛直方向の速度は、バク転への踏み切り時に身体全体を後方に傾け、曲げた膝を伸ばしてゆかを蹴ることによって、そして角運動量は身体全体を後方に傾け、上半身を素早く起こしながら腕を素早く振り上げ、脚でゆかを蹴ることによって生み出されます。

さらに、腕がゆかに着いている局面では、水平方向の速度はほぼ維持、鉛直方向の速度は上下動して結果的にやや増加、角運動量もほぼ維持されています。腕で身体を支えるときに、水平方向の速度や角運動量を維持し、鉛直方向の速度を大きく低下させないことはとても大切です。腕の筋力が強くない方にとっては、腕で身体を支えることは難しいかもしれませんが、腕で身体を十分に支えられないと、手を着いたときに速度や角運動量が一気に低下します。そうなると倒立姿勢から脚を下ろして直立姿勢に戻ることができませんし、そればかりか倒立の姿勢でつぶれてしまいかねません。理想的には、手をゆかに着いたら、腕でゆかを押すこと、それと同時に身体全体を鞭のように動かして脚を振り下ろすことができるとよいでしょう。

以上のように、バク転の実施においてもっとも重要なことは、それに必要な速度と角運動量を得ることです。そのための大切なポイント（技術）は、①踏み切り時に、身体全体を後方に傾け、脚で強くゆかを蹴る、②脚でゆかを蹴ると同時に、腕をしっかりと大きく振り上げる、③手がゆかに着いているときには、倒立姿勢で体をしっかりと支える、④腕で強くゆかを押しながら身体全体を鞭のように動かして脚を振り下ろす、ということになります。バク転を習得するためには、これらの四つのポイントを練習することになります。

バク転は、一般の方の中にも習得したいと考えている方が多いと思いますので、以下では無理のない練習方法を紹介します。

バク転の練習方法⓪：準備運動をしっかり

　バク転に限ったことではありませんが、これから何らかの運動を行おうとするときには準備運動が不可欠です。準備運動はウオームアップともいわれますが、その名のとおり、体温や筋温を高めることによって筋肉が発揮する筋力を高めたり、筋力を発揮するまでの時間を短縮したり、あるいは関節の柔軟性を高めたりする効果があります（内丸、2015）。また、ケガ防止の観点からも十分な準備運動を必ず実施してください。

　バク転を練習するための準備運動では、足首、膝、股関節、腰、背中、肩、肘、手首、首といった全身の関節を時間をかけてよく動かし、それぞれの関節の可動域を広げておくこと、脚やお腹、背中、肩や腕、首の筋肉のストレッチを行うこと、身体全体を温めておくことを意識してください。

バク転に必要な運動能力・柔軟性の目安
―ブリッジができることは必須条件ではない

　バク転に必要な運動能力や柔軟性の目安としては、次のようなものがあげられます。

- ・腕をしっかり振った垂直とびができること（高くとべればとべるほどよい）
- ・一人で倒立ができること（倒立状態で静止できる必要はないが、壁に寄りかかることなく倒立ができることが望ましい）
- ・身体を後ろに反らして頭の真上より数メートル後ろの天井を見ることができること

　バク転は身体を後ろに反らせた姿勢を経由しますから、ブリッジ姿勢ができることが必要であると思われがちですが、ブリッジ姿勢ができることは必ずしも必要であるわけではありません。ただ、もしできるだけ一人でバク転の練習をするのであれば、ブリッジの練習もぜひやっておいていただきたいと思います。まずはブリッジの練習から取り組んでみましょう。

[ブリッジの練習①：まずは仰向けに寝た姿勢から手と足で身体を支える]
　仰向けに寝た姿勢から、後転をするときのように両手を両耳の横に着き、足で踏ん張って背中を少しだけ床から離してみましょう。理想的なブリッジは、次の写真のように腕と膝がしっかりと伸ばされ、顎が開いて手から足までの体のラインが半円を描いた姿勢です。とはいえ、最初から理

同じく五輪正式種目採用を目指している競技にチアリーディングがあります。人ほどのチームで２分30秒の演技を行う採点競技です。16から20

想的なブリッジをすることはそう簡単ではありませんから、決して無理をしないでください。先ほども述べましたが、このような理想的なブリッジができないとバク転ができないというわけではありませんし、ブリッジに必要な柔軟性は急に身につくものではありません。はじめの段階では両足は開いていてもかまいませんし、膝や腕が曲がっていてもかま

いません。あくまでもブリッジの姿勢の経験と割り切るくらいの気楽さで、できる範囲で取り組み、可能であれば徐々に、少しずつで結構ですから理想に近づけるようにしてください。くれぐれも無理は禁物です。

[ブリッジの練習②：立った姿勢から後ろの壁に手を着く]

　ここではあくまでもバク転ができるようになるためのブリッジの練習ですから、ブリッジ自体が上手になる必要は必ずしもありません。次は、壁を背にして立ち、バンザイをしてゆっくりと身体を反らせ、後ろの壁に両手を着くという練習をしてください。両手は「ハの字」にして壁に着き、常に両手を見るように顎を開いておきます。両手をハの字にする理由は、バク転で手をゆかに着いた際、手首が掌屈していなかったり、両手が逆ハの字になっていたりした場合、慣れていないと突き指をしたり、手首や肘を痛めたりするからです。壁からどの程度離れて立てばよいのかは、柔軟性の程度によって人それぞれですが、ご自身が安全に壁に手のひらを着くことができる程度で結構です。壁から離れすぎて手が壁に着かない、あるいは手が壁に着いても身体が下に落ちてしまう、ということがないように、バランスをとりながらゆっくりと行ってください。無理をする必要はありません。

[ブリッジの練習③：手を着く位置を徐々に下に]

　上記の練習に慣れてきたら、無理のない範囲で壁に手を着く位置を少しずつ下にしていきます。このときも勢いをつけすぎて身体が下に落ちてしまわないよう、バランスをとりながらゆっくりと行ってください。視線は必ず両手から離さないように、身体を反らせて身体の後方に手を着く、という感覚を養ってください。

　バク転のためのブリッジの練習は以上で十分です。バク転の練習に移りましょう。

バク転の練習方法①：まずは垂直とびで踏み切りのリズムを覚える

　バク転の練習は、まず垂直とびのようにしっかりと真上にジャンプすることから始めます。この際、両腕をしっかり振って真上に跳び上がるのですが、すでにお話ししたとおり、「踏み切りの良否がバク転成功のカギを握る」ので、単に真上に跳び上がる練習の段階で、バク転の踏み切りに必要なリズムを覚えましょう。バク転の踏み切りに必要なリズムは、腕の振り上げと脚のジャンプの同期のさせ方にポイントがあります。これは、まず①両腕を前に振り上げる、次に②その両腕を下から後方に振り下ろす、最後に③両腕を素早く真上に振り上げると同時に膝の曲げ伸ばしを行ってできるだけ高くジャンプする、というものです。

　垂直とびを行う際には、この②のタイミングで腕を振り下ろすと同時に膝を曲げ、③で腕の振りと同時に膝を伸ばしてジャンプする、というほうが一般的かもしれません。真上へのジャンプだけが上手になればいいのであればこれでも問題ないのですが、バク転では後方にジャンプすることになります。これは次の練習段階での話になりますが、後方へジャンプしようとする際に②のタイミングで膝を曲げてしまうと、③でその膝が前に動いてしまって、体操競技の現場における、いわゆる「膝が抜ける」ことがよく起こります。こうなると踏み切りの力が小さくなり、さらにその力がしっかりと身体に伝わらず、バク転をやろうとしても後方への回転がうまくできないことになります。

　さらに、筋肉は収縮の前に一度引き伸ばされると、続く収縮時により大きな筋力を発揮することが知られています。これをストレッチショートニングサイクル（SSC）と呼びます。ジャンプでは太腿の前面の筋肉である大

体操競技の五輪や世界選手権では「予選」「団体決勝」「個人総合決勝」「種目別決勝」という四つの試合が行われます。

腿四頭筋の収縮による筋力発揮が重要な役割を果たしますが、膝を曲げると大腿四頭筋が引き伸ばされ、続いて膝を伸ばすとき、すなわち大腿四頭筋を収縮させるときに大きな筋力発揮が期待できます。ただし、筋肉が引き伸ばされる時間が長くなると、続く収縮時の筋力が大きくなる効果はなくなってしまいます。②のタイミングで膝を曲げてしまうと、膝を曲げた姿勢を維持する時間がやや長くなってしまいます。こうした理由からも、③で膝の曲げ伸ばしを素早く行ってジャンプするようにしてください。

　繰り返しますが、①両腕を前に振り上げる、次に②その両腕を下から後方に振り下ろす、最後に③両腕を素早く真上に振り上げると同時に膝の曲げ伸ばしを行ってジャンプする、という「1、2、3」のリズムで、できるだけ真上に高く跳び上がる垂直とびができるように練習してください。「1、2、3」と誰かに言ってもらって、あるいは自分の心の中で数えながら行うとよいでしょう。左右の腕の間隔は常に肩幅程度とし、それ以上左右に広がらないように注意してください。

バク転の練習方法②：後ろに跳ぶ練習

　次の練習は、いよいよ後ろに跳ぶ練習です。この練習は、身体の後ろに、肩甲骨の下くらいの高さまで積んだマットを準備して行ってください。

　マットに対して立つ位置は、先ほどの①で腕を後ろに振っても手がマットに当たらない程度前に出たところです。上へジャンプするときの「1、2、3」のリズムですが、この練習では、「2」のときにややお尻を後ろに突き出すようにし、「3」のときに後ろに置いてある椅子に座るように身体を後ろによりかかるようにしながら（いわゆる空気椅子の姿勢をとりながら）腰を後方に移動させた後、膝の曲げ伸ばしを使ってマット上に仰向けに跳び乗ります。

　このときも、「1、2、3」と誰かに言ってもらって、あるいは自分の心の中で数えながら練習してください。また、視線は振り上げる手を追いかけるようにしてください。後ろに跳ぶからといって、決して腕を振り上げ

るよりも先に顎を開いて後ろを見ることがないようにします。後ろに跳ぶ際に早い段階で顎が開いてしまうと、先ほどお話しした「膝が抜ける」ことが起こりやすくなってしまうためです。顎はさほど開く必要はありません。上目遣いで手が見られる程度で十分です。また、くれぐれも両腕は肩幅程度の間隔を保つように振り上げ、左右に開くことがないようにして、後ろに積み上げたマットに少なくともお尻が乗るくらいまでしっかりジャンプすることが必要です。両手はハの字をつくるようにして、できるだけ遠くに手を振るようにしてください。

　さらにこの練習の際には、腰や膝を曲げて脚をお腹側に引き寄せるような動作(85ページ図4-12参照)はしてはいけません。後ろに跳ぶと、身体を後方に回転させたいという意識が生まれて脚を腹側に引き寄せたくなるかもしれませんが、脚を引き寄せる動作はこの後ろに跳ぶという練習では必要ありません。むしろ脚をお腹側に引き寄せる動作を意識してしまうと、跳ぶ際の蹴りの力が弱くなってしまいがちです。しっかりとゆかを蹴って後ろに跳べば、腰や脚は十分に伸びているはずです。できるだけ遠くに、しかも高くジャンプして、身体をやや反った姿勢のまま、両腕をしっかり伸ばして積み上げたマットの上にお尻から上の身体が仰向けに乗ることができるように練習してください。とにかく、この後ろに跳ぶ練習をしっかりと何度も行うことが大切です。

　この練習をしながら、次のような練習もしてください。ブリッジの練習②で紹介した、壁を背にして立ち、身体を反らせ、後ろの壁に両手を着くという練習ですが、これを脇を閉じて立った姿勢から、腕をある程度の速さで振って脇を開いて壁に手を着くように、腕の振りを意識して行ってください。これによって振り上げた手を身体の後ろに着くという動作をいくらかは理解できるようになると思います。

バク転の練習方法③：手を着いた後の動きの練習

　後ろに跳ぶ練習をしながら、同時にバク転をしたときに手を着いた後の動きも練習しておきましょう。すでにロンダートの項で紹介した練習と同じです。具体的には、両手をハの字にして着いた倒立から脚を下ろして立つ練習ですが、ただ脚を下ろすのではなく、倒立で一度少し反った姿勢になって、膝や腰をあまり曲げることなく身体をできるだけ伸ばしたままその反動と腕の押しを使って勢いよく立ち上がる「倒立からのはね起き」で

す（57ページ参照）。これが上手にできるようになれば、バク転で手を着いた後、手が着いている間に足もゆかに着くということがなくなり、見栄えもよくなります。単に見栄えがよいだけではなく、前にお話ししたようにバク転には後方への速度と後方への回転のための角運動量を維持あるいは増加させるといった役割がありますから、体操競技で行われる後方宙返り技への助走の役割をもったバク転にはこの動きは不可欠なのです。手が着いている間に足もゆかに着くバク転では、速度も角運動量も大きく減衰しています。見栄えのよい、かっこいいバク転を行うためにもこの倒立からのはね起きの練習にしっかり取り組んでください。

バク転の練習方法④：補助者ありでのバク転の実施

　積んだマットの上に身体をやや反った姿勢のまま両腕をしっかり伸ばしてジャンプし、仰向けに乗ることが確実にできるようになったら、誰かに補助してもらってバク転を実施してみます。ただし、マット上に仰向けに跳び乗るジャンプが確実にできているかどうかの見極めは、指導者や経験者にしてもらうことをお勧めします。ゆかの上に柔らかいマットを準備して、その上に手を着くようにしてください。補助者なしで練習できればそれにこしたことはないのですが、跳ぶときには見えない自分の後方にある床にしっかりと手を着くという非日常の動作を最初から成功できる方はめったにいないと思います。バク転がどういう感覚であるのかを体で覚えられるまでは必ず補助をしてもらってください。

　補助者はできれば一人よりも二人がよいですが、補助に慣れている方であれば一人でも大丈夫です。補助者はバク転をする人のズボンの腰のあたりを片方の手でしっかり握ります。バク転をする人が後ろにジャンプをしたら、ズボンをつかんだ手でしっかりとバク転をする人の身体を上に持ち上げながら、それを支点としてもう一方の手でその人の太腿の裏あたりを回してあげるようにします。ズボンをつかんだ手で上に持ち上げることは、手を着いた際に倒立の姿勢で下につぶれてしまわないようにするうえでとても大切ですが、これだけの補助では身体はうまく後方に回転しませんので、太腿の裏あたりに手を当てて身体を回してあげることも忘れないでください。

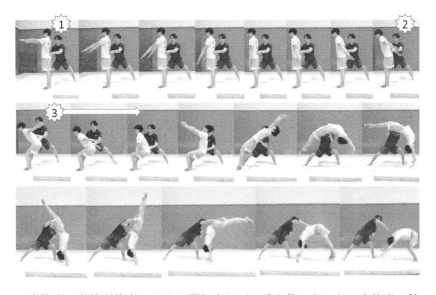

実施者の身体が後方にうまく回転すれば、手を着いたときに実施者の腕に大きな負担がかかることはないでしょう。逆に実施者の後方へのジャンプおよび回転が不十分であれば補助者にはかなりの負担がかかることになります。補助者には、安全にバク転の練習が行えるかどうかは補助者の補助にかかっていることを肝に銘じて、しっかりと補助をしてもらうようにしましょう。

バク転を行うときには、これまで練習したとおり、「１、２、３」のリズムでしっかりと後ろに跳ぶことを確実に行うようにします。はじめてこの練習をするときには恐怖心もあるでしょうが、自分の後ろにはマットが積んであり、やや身体を反らせて手を遠くまで振り、しっかりとジャンプしてその上に仰向けに跳び乗るというイメージを忘れないでください。視線は手を追いかけるようにすること、両手を逆ハの字にすることも同じです。はじめて補助をしてもらってバク転をしたときは、何が何だかわからないうちに回転が終わってしまうでしょうが、何度か練習をしていくうちに、ジャンプした後、手がどれくらいでゆかに着くのか、手を着いてから足が着くまでどれくらいの時間があるのかがわかってくるようになるでしょう。焦らずに１回１回の練習を集中して行ってください。

補助者は最初のうちはできる限りバク転をする人を上に持ち上げ、大腿を回してあげてほしいのですが、補助をしながら実施者がどれくらいの

「団体決勝」では各種目で３名だけが演技を行い、そのすべての得点がチーム得点に加算されます。一つの失敗で順位が大きく変わるため、たいへん緊張感のある試合です。

ジャンプをしているのか、腕をしっかり振っているのかを見極めてください。何度もこの練習を繰り返していくうちに、実施者がどの程度ジャンプしているのかに応じてどの程度補助をすればよいのかがわかってくると思います。くれぐれも実施者をゆかの上に落とさないよう、しっかりと補助をしてください。もし、実施者のジャンプが足りない、あるいは腕がしっかり振られていないなどと思ったら、それを実施者に教えてあげてください。この場合、実施者は後ろに跳ぶ練習を再度行うことも必要です。

バク転の練習方法⑤：補助者なしでのバク転の実施

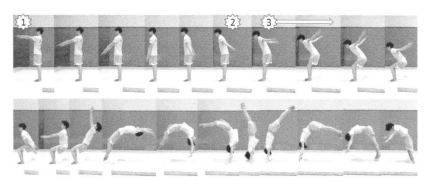

　補助者ありの状態でのバク転がそれなりに形になってきたら、ついに補助者なしでバク転の練習を行います。補助者ありから補助者なしになったときによく起こる失敗は大きく次の二つです。
・後ろに飛んだ後、最初に手をゆかに着くことができなかったために頭部から落ちてしまう。
・最初に手をゆかに着くことができたものの、ジャンプがうまくできていないために回転が不十分で、頭部・背中から落ちてしまう。
　図4-10左のように、手を着くときには上半身はほぼ垂直になっていなければ下半身を回転させることができません。直立姿勢から壁に倒立するときのことを考えていただければわかると思いますが、倒立姿勢になるときには、脚だけを高く上げるのではなく、お腹や腰も高く上げているはずです。後ろに跳ぶときにお腹や腰を上げることを意識すれば、上のような失敗をせずにバク転ができるようになるはずです。また、助走なしで行われるバク転の角運動量のグラフ（図4-9右）をもう一度見ていただければおわかりいただけるように、後ろへのジャンプのときに、力強い踏み切り

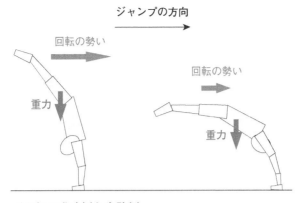

図4-10　バク転の成功例と失敗例
（左）手をゆかに着いたときに下側にかかる重さよりも回転の勢いが上回ればバク転ができる。（右）手をゆかに着いたときの上半身の角度が低いと頭部・背中から落ちてしまう。

と両腕を大きく振り上げることによって後方の回転が生み出されます。後方への回転が足りないという欠点は、多くの場合、踏み切りの力が弱いとか、膝が抜けてしまっているとか、腕を力強く振っていないことが原因で引き起こされます。強くジャンプすること、腕をしっかりと振って脇を大きく開くことを意識して、「バク転の練習方法②：後ろに跳ぶ練習」を入念に行ってください。

後ろに跳ぶときの最適な角度は？

　ご参考までに、バク転を実施したときの蹴りの力を測定した結果をご覧いただきましょう。図4-11の一番上は単なる垂直とび、その下は、上から順に理想的なバク転、上に跳びすぎのバク転、後ろに跳びすぎのバク転、膝が抜けた蹴りのバク転です。白い矢印が測定された床反力（蹴りの力の反作用力）の大きさと方向を表したベクトルで、白い点が身体重心の位置です。垂直とびの写真の右側にある小さな黒い矢印は、体重分の力の大きさを表しています。

　ここでトルクの説明を思い出していただきたいのですが、力のベクトルが身体重心を通るときには、回転は生まれません。力のベクトルの大きさと、身体重心からそのベクトルに下ろした垂線（モーメントアーム）の長さが回転を生み出すトルクの大きさを決定します。力の大きさがどんなに大

体重

垂直とび

理想的なバク転

上に跳びすぎのバク転

後ろに跳びすぎのバク転

「膝が抜けた」蹴りのバク転

図4-11　バク転実施時の蹴りの力を測定した結果
［土屋、未発表資料］

きくても、回転中心との距離が０（ゼロ）であれば回転は生じませんし、その距離が短ければ小さなトルクしか生まれないので回転も小さいということになります。

　身体が回転しない垂直とびでは、力のベクトルは踏み切り直前まで身体重心を通って伸びていることがわかります。踏み切りの直前に力のベクトルが身体重心の後方に向かって伸びていますから、これによって身体を前方へ回転させるトルクが生じていることがわかります。これは、腕を下から上に振り上げるときに生まれる身体の後方回転を打ち消す必要があることによります。

　バク転を行う際には、力のベクトルは身体重心の前に伸びていることがおわかりいただけると思いますが、これはもちろん身体を後方回転させるために必要なことです。理想的なバク転、上に跳びすぎのバク転、後ろに跳びすぎのバク転、膝が抜けた蹴りのバク転について、力のベクトルの大きさとその方向、そして身体重心の位置をご覧ください。

　これらのバク転を実施してくれた彼は、体操競技の選手経験者でバク転にかなり習熟していますから、上に跳びすぎのバク転、後ろに跳びすぎのバク転、膝が抜けた蹴りのバク転のいずれにおいても、その後、手を着いて立つことができていますので、失敗というほどの失敗をしていません。ですが、これからバク転を身につけようとしている方の場合には、そうはうまくいきません。

　上に跳びすぎのバク転は、力のベクトルが真上に近い方向に伸びていて、身体重心との距離が短いことがわかります。つまり、上に跳ぶときには回転の勢いは小さくなってしまうのです。これを実施してくれた彼の場合は、蹴りの力の大きさを大きくすることによって回転を得ることに成功していますが、バク転に慣れていない場合にはこうした調整はうまくできません。跳ぶ方向が上すぎると、回転できずに落ちてしまうことになりかねません。

　また、後ろに跳びすぎのバク転では、身体重心と力のベクトルの距離が離れているので回転の勢いを生み出せる点ではよいのですが、後ろ方向に跳びすぎて力のベクトルの傾きが後ろ斜め方向に伸びているため、空中に低く跳び出すことになり、身体を回転させるのに十分な空間を得ることができません。実際、彼はこのとき、肘が大きく曲がり頭がマットに着くくらいの着手姿勢でなんとかバク転を成功させています。後ろに跳ぶことは

内村航平選手は２００８年11月の全日本選手権から２０１７年の世界選手権で負傷により途中棄権するまで、国内外で８年間にわたり個人総合において無敗をつづけました。

大切ですが、低く跳びすぎるのは禁物です。

　ちなみに、脚がゆかから離れたとき、つま先と身体重心を結んだ線がゆかとどれくらいの角度であったかというと、理想的なバク転では48.6度、上に跳びすぎのバク転では64.8度、後ろに跳びすぎのバク転では38.3度でした。バク転をするときの意識としては、およそ後ろ45度の方向に跳ぶ、というのがよいでしょう。

　最下段は膝が抜けた蹴りをしたときのバク転です。力のベクトルの大きさがずいぶんと小さいことがおわかりいただけると思います。これでも実施している彼はこの後マットに手を着いてバク転を成功させていますが、通常はもっと蹴りの力が小さくなってしまうことが予想されます。膝が抜けてしまうような蹴りではバク転はうまくできないことがおわかりいただけると思います。

　上に跳びすぎても後ろに跳びすぎても、また膝が抜けた蹴りをしてしまっても、上で述べたように回転が不十分で、頭部・背中から落ちてしまう失敗につながってしまうのです。

前宙

前宙

　前宙は「前方宙返り」の略称です。その名のとおり、身体の前方に空中で1回転する技です。この技の基本となるのは、マット上で行う前転です。すでに前転の項で説明したとおり、前転では大きな姿勢からかかえ込みという小さな姿勢になって前方に回転することが大切ですが、前宙では、蹴って上方に跳び上がることで大きな姿勢となっています。前転と前宙で異なるのは、もちろん回転を身体がゆかに接した状態で行うのか、空中で行うのかという点ですが、ここでは前転の練習から前宙へと発展させる練習方法を紹介します。

　前宙の練習を始めるうえでは、ゆかの上で楽に前転ができることが最低条件です。これは大丈夫ですね。この前転を、やや高いマットの上で行う

練習をします。マットの大きさは、幅が50 cm、長さが1 m程度であれば
よいでしょう。跳び箱を利用しても結構です。足の前にマットを50 cmく
らいの高さに積んで置き、そこに手を着いて前転をします。やや高い台の
上で前転をするのですから、両脚でゆかをしっかりと蹴ってください。頭
の上を身体が通過するときには、膝を曲げ、できるだけ小さな姿勢になる
ことを心がけてください。台の上からゆかに着地する際には、身体をやや
開き、膝はやや曲げてしっかりと着地で踏ん張るように心がけてくださ
い。これが楽にできたら、徐々にマットの高さを高くしていきます。マッ
トが高くなるにつれて、手で支える力ももちろんですが、脚でしっかりと
ゆかを蹴ることもより必要になっていきます。そのために助走をつけて行
うようにします。助走からの踏み切りは、まず片脚踏み切り、その後に両
脚をそろえた両脚踏み切りで行うようにします。前転の後半で再び立位に
なる際、かかえ込んだ姿勢を開いて両脚でしっかりと踏ん張って立つこと
を意識してください。この練習の最終段階は、1 mほどの高さに積んだマッ
トあるいは台の上で前転を行い、台から下のゆかにしっかりと立つことで
す。このとき、回り始めは腕で身体をしっかりと支えること、高さのある
マットや台上では膝や股関節を曲げ、できるだけ小さな姿勢で回ること、
最後はしっかりと立つことを心がけてください。これを何度も繰り返し練
習して、踏み切りから身体を小さくするタイミング、前方に回転する感覚、
回転の終盤に腰や膝をやや伸ばしてしっかりと踏ん張って着地するタイミ
ングを覚えてください。先を急ぐことは禁物です。

　1 mほどの台の上で前転を行い、台から下のゆかにしっかりと立つこと
が常にできるようになったら、いよいよ台無しで前宙を行います。ただし、

着地する場所には柔らかいマットを敷くなどして安全に行える環境で行ってください。もし柔らかいマットがない場合には、練習をしてはいけません。

　助走からしっかりと斜め前に踏み切り、素早く膝をかかえ込んで前方に回転し、腰と膝をやや伸ばしながら着地する、ということを意識してください。膝はやや曲げたまま、伸ばしきらないようにします。補助をしてくれる人がいれば、補助をしてもらってください。補助者は、下の写真のように前宙を実施している人のお腹と背中をはさむようにして、着地までしっかりと支えてあげてください。

バク宙

バク宙

　バク宙は「後方宙返り」の俗称です。バック（後方）への宙返り、ということですね。通常、バク宙といえば、後方かかえ込み宙返りを指すと思い

84

ます。ここではかかえ込みのバク宙を練習しましょう。すでにバク転ができ、後方への回転に慣れている方にとっては、バク宙はそれほど難しい技ではありません。バク転との違いは、ジャンプの方向をより上向きにすること、手をゆかに着かないこと、そして空中でかかえ込み姿勢をとることです。ただし、かかえ込み姿勢で宙返りをするからといって、

図4-12　バク宙における伸身・かかえ込みのイメージ

ジャンプしたらすぐにかかえ込みをしてはいけません。これでは回転が十分に生まれません。バク転と同じように、バク宙の回転は踏み切りの際の後ろ上方への脚でのジャンプと腕の振りによって生まれます。バク宙への踏み切りの際には、バク転よりもジャンプの方向はいくぶん上向きではあっても、身体をしっかりと伸ばすことが必要です。図4-12のようなイメージをしてください。すなわち、身体のお腹側にバネがあり、踏み切りの際にはそれをしっかりと伸ばす、後ろ上方にジャンプしたら、伸ばされたバネを一気に縮めてかかえ込む、というものです。踏み切りの際には、バク転ほどではなくて結構ですが、腕をしっかり振り上げること、やや後方に伸び上がることをしっかり意識してください。空中に跳び出したら、腰と膝を曲げ、脇を閉じるようにして膝をかかえ込みます。お腹のバネを縮めたら、首を後屈させてゆかを目で確認し、着地します。最初は着地面に柔らかいマットを敷き、補助者をつけて行ってください。

　テレビなどで体操競技のゆかの演技を見ていると、ゆかで跳ね返っているように見えると思います。ゆかはどんな素材なのでしょうか。

　現在の体操競技の器具は、数十年前と外形的には似通っているものがほとんどですが、実は構造はずいぶんと変化しています。大きな変化がもっとも目に見えてわかる器具は跳馬です。かつての跳馬は男子のあん馬の取っ手がない形状で、男子は縦向きに、女子は横向きに置かれたものでした。それが2001年以降、現在の器具が用いられるようになりました。

　ゆかは12m四方という広さに変化はありませんが、ゆかの器具は大きく変遷しています。かつては厚さ数cmのフェルトの上に帆布を敷いただけでしたが、次第にベニア板の下に弾性ゴムを貼りつけたものを敷き詰めてその上にカーペットを敷いたものとなり、現在では高さ10cmほどの大きなスプリングが数十個取り付けられたベニア板が張り巡らされ、さらにその上に弾性ゴムマットが敷かれ、さらにその上にカーペットという構造になっています。ゆかの跳ね返りが強くなっているのです。こうした器具の変化は体操競技の技の発展に多大な影響を与えています。

ゆか（SPIETH社製）に
使用されているバネ

第**5**章

鉄棒の基本技の科学

前回りからけ上がり・ほん転倒立・懸垂振動技まで

鉄棒の歴史

公園にはいつから鉄棒があるのか

　第1章で述べたように、日本に「体操」というものが西洋から導入されたのは江戸時代末期であり、その後、明治政府が国軍である近衛兵や鎮台を明治4年(1871年)に召集した際、各兵営に鉄棒などの器具を設置しました。とはいえ、その頃の体操は身体訓練の方法であり、鉄棒はさまざまな技の習得のためというよりも、兵隊の身体訓練のために用いられたようです。ですから、おそらく当時の鉄棒は身体の鍛錬を象徴する器具だったのではないかと思われます。

　松本(1991)によれば、大正末期に当時の小中学校の教科であった体操で高鉄棒が全国的に行われるようになり、さらに昭和初期に低鉄棒が設置されるようになりました。したがって、学校に鉄棒という器具は大正時代から普及していたのです。一方、公園にも鉄棒が設置されているのをよく見かけます。これがいつ頃から始まったのかは定かではありませんが、昭和31年(1956年)に公布された都市公園法ならびに都市公園法施行令では、公園における運動施設に鉄棒が含まれていますから、これよりも前には公園に鉄棒があったのではないかと思われます。

競技用の鉄棒は「たわむ」

　テレビや競技会場で体操競技の試合をご覧になったことがある方は、競技用の鉄棒は学校や公園にある鉄棒とは大きく異なることにお気づきでしょう。学校や公園の鉄棒は大人がぶら下がってもほとんど変形しませんが、競技用の鉄棒はずいぶんと柔らかく、たわみます。国際体操連盟が公認する競技会では、「設置された鉄棒の中央に200 kg超の重りをぶら下げたときに鉄棒の中央が8〜10 cm下にたわみ、重りを取り外した際には鉄棒は元の水平の状態に戻ること」などの基準をクリアした鉄棒のみが使用されます。このような鉄棒は、例えば車輪において、選手が鉄棒の真下にぶら下がったときにたわんで弾性エネルギーを蓄え、選手が鉄棒の下から上に向かって回転するときにたわみの解消とともに蓄えていた弾性エネルギーを放出します。放出されたエネルギーはうまく動けば選手の身体が受け取ることになります。

　こうしたエネルギーのやりとりを明らかにした研究の一例が図5-1です。選手の身体がもつエネルギーが減少すると鉄棒がもつエネルギーが増加し、反対に鉄棒がもつエネルギーが減少すると選手の身体がもつエネルギーが増加しているのがわかります。この図のように選手の身体と鉄棒との間でエネルギーのやりとりが行われ、鉄棒に蓄えられた弾性エネルギーを受け取ることによって、結果的に選手の身体には大きなエネルギーが与えられることになります。こうしたエネルギーのやりとりは鉄棒のすべての技の実施時に行われるのですが、特に空中に高く舞い上がる手放し技や宙返り下りを実施する直前に顕著です。大きなエネルギーがあれば、速度が大きくなってより高く舞い上がることができますし、大きな姿勢で回転できることになるからです。手放し技や宙返り下りの前に行われる車輪の動作がそれ以外の技を行うときの車輪とは大きく違うことをご存じの方も多いでしょう。車輪の動作の違いによって選手の身体と鉄棒との間でエネルギーのやりとりの大きさが異なるのです。図5-1の左側と右側は動作が異なる車輪ですが、右の車輪のほうが左の車輪に比べて最終的に身体がもつエネルギーが大きいことがわかります。現在の体操競技では、選手は鉄棒に限らず、あらゆる器具とのこうしたエネルギーのやりとりがうまくできなければ上位の成績を取ることはできません。

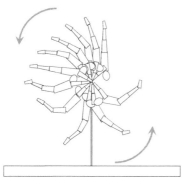

通常の宙返り下りの前の車輪　　大きな動作を行う宙返り下り前の車輪

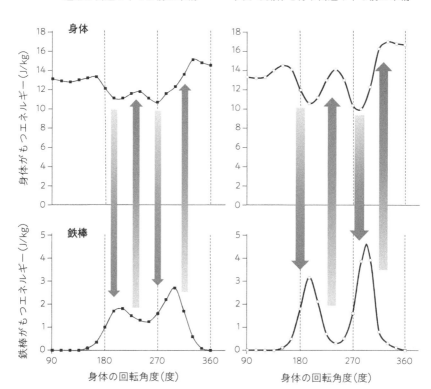

図5-1　車輪における鉄棒と身体のエネルギーのやりとり
(左)通常の宙返り下りの前の車輪と(右)大きな動作を行う宙返り下りの前の車輪の比較。
[Arampatzis, A., Brüggemann, G.-P.: Journal of Biomechanics, 32: 811-820 (1999)より一部改変]

鉄棒の演技時間には制限はありませんが、得点に関わる技の数には限りがありますので(第10章)、技を多くやってもよいことはなく、およその演技時間は約１分です。

鉄棒の基本的な練習：技の練習の前に

　鉄棒の技は、上がり技、中技、下り技に大きく分類されます。上がり技は、低鉄棒であれば鉄棒を握り地面に足が着いた姿勢から、高鉄棒であれば鉄棒にぶら下がった姿勢（これを懸垂姿勢といいます）から、鉄棒上に両腕で身体を支えた支持姿勢になる技のことです。中技とは、上がり技で支持姿勢になった後に鉄棒上で行われる技、下り技とは支持姿勢や懸垂姿勢から地面に下りる技のことです。

　日常生活では物にぶら下がったり、腕だけで身体を支えたりすることはほとんどありませんから、鉄棒の技はまさに日常では行われない運動ばかりです。それが鉄棒の技を覚えるうえでもっとも大きな問題となります。特に最近の子どもたちは昔の子どものように外での運動遊びをあまりしなくなっているために、腕でぶら下がる、身体を支えるといった筋力が不足しているといわれています。私が子どもの頃にはテレビゲームなどなく、遊びといえば外遊びで、学校の校庭にあったジャングルジムや雲梯、登り棒といった遊具やもちろん鉄棒でよく遊んだものです。しかし近年は、こうした遊具の老朽化や危険性が指摘され、実際に事故も起きているために、そこでの遊びが敬遠されています。その結果の一つとして子どもの体力や運動能力の低下が問題視される事態となっています。そのために小学校3、4年生になっても逆上がりができない子どもが増えている現実があります。

　鉄棒の技の話をする前に、ここではまず、鉄棒で行われる技の習得にとおいて基本となる三つの運動とその練習についてふれておこうと思います。どれも鉄棒の技を実施するうえで欠かせない感覚や、力の入れ方を学ぶために大切な動きですから、簡単だと甘く見ないで取り組んでいただきたいと思います。

［①とびつき］

とびつき

　これは文字どおり、鉄棒を握り、地面を蹴って単に鉄棒に支持するだけ

の運動です。ただし、できるだけ肘を曲げずに、あまりジャンプに頼らず、脇を閉じる力を使って行ってください。鉄棒の高さは低いほうが簡単でしょうが、徐々に鉄棒の高さを高くしていってください。肩の高さ程度の鉄棒に肘を曲げずにとびついて支持できるようになったら、次は同じ高さの鉄棒で、最初に立つ位置（足を置く位置）を鉄棒の真下に近づけて同じように肘を曲げずにとびつきを行ってください（下の写真）。

　最初に立つ位置の少しの違いだけで、脇を閉じる力がかなり必要となることがおわかりいただけると思います。この脇を閉じるという動作は正確には肩関節の伸展と表現されます。肘を曲げずに両方の肩関節を同時に伸展させて力を発揮するという動作は、日常生活でも、またほかのスポーツでもほとんど見られないのですが、鉄棒の、例えば前回り、逆上がり、け上がりといった多くの技をうまく行うためには、とても大切になります。肩関節伸展の力発揮が鉄棒のさまざまな技の実施においては非常に重要なのです。このとびつきの練習はジュニアの体操選手の練習でも必ずといってよいほど取り入れられています。

［②足抜き］

足抜き

　これは①とびつきと同様、肩関節伸展の力発揮の練習です。低鉄棒にぶら下がった姿勢から、膝と腰を曲げて鉄棒と頭の間に身体をくぐらせて後方に回転し、地面に足が着いたら前方に回転して元に戻るという練習を

雲梯は中国で生まれた言葉です。古代の中国では城を攻めるときに長い梯子（はしご）が使われ、その雲にも届きそうな長さから「雲梯」という名前が付けられました。

行ってください。最初は足が鉄棒に触れても結構ですが、足を一切鉄棒に触れずにできるようにしてください。この運動が難しい場合には、通称「ぶたの丸焼き」といわれる運動を繰り返すことでも結構です。

　こうした動作は、頭の上を身体が通過することになりますから、頭が下になって逆さまになる感覚や、後方に回転する感覚を身につけるうえでも大切な練習です。親子のように体格差が大きい場合には、鉄棒のある公園や学校の校庭に行くことができなくても、向かい合ってお互いの手首を握り、似たような運動をすることができます（下の写真）。

[③支持振動]

支持振動

　これは鉄棒上で支持姿勢となって、脚を前後にぶらぶらと振る運動です。最初から脚を大きく振る必要はありません。5回程度で結構ですから、脚を振る際に鉄棒から落ちないようにバランスをとることを意識して行ってください。小さな振動でも結構肩や腕の筋力を使います。この練習で支持の際にバランスをとる感覚や、そのための筋力を養いましょう。慣れてきたら徐々に脚を振る大きさを大きくしていってください。

　ここで紹介した三つの練習は一見簡単そうに見えますが、どれも鉄棒の技を覚えるうえで必要な感覚や筋力を養ううえで大切な練習です。コツコツとつづけてください。

前回り下り

前回り下り

それでは鉄棒の技を練習していきますが、最初にまずもっとも簡単な下り技の一つである前回り下りをやってみましょう。支持姿勢から前に回って地面に足を着く、というだけの運動ですが、侮ってはいけません。あまり勢いよく回って下りると、下りる寸前に頭や顔を鉄棒にぶつけてしまいますから、足が地面に着く直前には腕の力を使ってややゆっくりと足を下ろすようにします。支持姿勢のときに膝と腰をやや曲げておき、太腿の付け根あたりに鉄棒を当て、前に回って頭が鉄棒の真下に来たときに太腿の付け根で鉄棒にぶらさがる感覚をつかめると、後で行う前方支持回転につながります。

逆上がり：小学校体育での大きな分かれ道

逆上がり

逆上がりは、昔から多くの子どもたちにとってポピュラーな鉄棒の上が

り技ですから、皆さんも一度ならずやったことがあると思います。平成29年に告示された小学校学習指導要領の解説では、小学校3、4年生で補助や補助具を利用したやさしい条件の下で、また小学校5、6年生では一人で行う技として例示されています。逆上がりは、例えば昭和33年（1958年）の小学校学習指導要領では小学校3年生で、昭和43年（1968年）の小学校学習指導要領に至っては小学校2年生で取り扱われるべき技として紹介されていますから、現在の学習指導要領ではそれに比べて遅い時期での取り扱いになっているといえます。このようなところにも現代の子どもたちの体力や運動能力の低下が表れているのかもしれません。

　私は大学の授業で逆上がりを取り扱う際、必ず「逆上がりができない人はいますか」と学生に尋ねます。大学生ですからもう何年も鉄棒にさわることすらしていない人も多いので、「できるかどうかわからない」という人が何名かはいますが、「できない」と断言する人はあまりいません。さらに「逆上がりができる人は」と尋ねると、ほとんどの学生が手を挙げます。そこで私は、「では逆上がりをやってください」と指示しますが、「ただし、いろいろな高さの鉄棒を用意してあるので、すべての高さの鉄棒で逆上がりをしてください」という条件を付けます。いろいろな高さの鉄棒とは、腰の高さ、胸の高さ、頭の高さ、ぶら下がっても足が着かない高さの鉄棒です。そうすると、胸の高さの鉄棒ではほとんどの学生は逆上がりができます。しかしながら、頭の高さの鉄棒で数割、ぶら下がっても足が着かない高さの鉄棒では6割から7割の学生は逆上がりができません。そこで私は、「逆上がりができる、といってもそれは鉄棒の高さによるのだ、ということを忘れないように」とくぎを刺します。

　これは、逆上がりの難しさは鉄棒に対して自分の身体を引き上げる（鉄棒にお腹を着ける）ところにあり、鉄棒の高さが増せば増すほどそれが難しくなることを示しています。ところで一つだけ高さを腰の位置にした鉄棒についての結果を書いていませんでした。多くの学生は、自分の腰の高さにある鉄棒に対して、鉄棒を握ったらその場にしゃがみこんで逆上がりを行います。これは面白い現象です。低い鉄棒に対して自分の身体をそれ以上に低くして、わざわざ鉄棒の高さをつくり出す必要はないと思うのですが。

　さて、逆上がりの難しさは鉄棒に対して自分の身体を引き上げる（鉄棒にお腹を着ける）ところにあると述べましたが、鉄棒に自分のお腹を着けるための動作は、脇を閉じる、すなわち肩関節の伸展にほかなりません。

この動作は身体を引き上げるだけでなく身体を後方に回転させることにもつながります。逆上がりとは「身体を鉄棒の高さに引き上げながら後方に回転し、鉄棒上に支持する技」（金子、1984）ですから、逆上がりをうまく行うためには、金子（1984）が言うように、①鉄棒に身体を引き上げる、②後方に回転するということを行わなければなりません。

　それではまず、胸の高さ程度の低鉄棒での逆上がりを練習しましょう。鉄棒に身体を引き上げるためには肩関節の伸展が必要であることはすでに述べたとおりですが、この動作を行うとき、肘を伸ばしているのと曲げているのとではどちらがより楽にできるでしょうか。答えは簡単です。肘は曲げているほうが楽に肩関節を伸展させることができるのです。鉄棒から肩までの距離が近いほど、肩関節伸展で発揮しなければならない力の大きさは小さくなります。仰向けに寝て両腕を頭の方向に伸ばし、両手で重いものを持ってみてください。次に肘をやや曲げて同じことをしてみれば、肩で発揮しなければならない力の大きさがずいぶんと違うことを実感できると思います。単純に計算してみるとこうなります。肩関節が伸展するということは、肩関節回りに腕の回転が生じるということですから、肩関節で発揮されるのはトルク（回転力）です。この場合のトルクは、「力×回転軸からの距離」で求められ、このうち力は「質量×加速度」で求められます。例えば、質量20 kgの重りを肘を伸ばして持ち上げるとき、腕の長さを60 cmとすると、肩関節で発揮されるトルク（回転力）は、20 kg（質量）×9.8 m/s^2（重力加速度）×0.6 m＝117.6 N·mです。肘を曲げて肩関節から重りまでの距離が40 cmになった場合には、20 kg×9.8 m/s^2（重力加速度）×0.4 m＝78.4 N·mとなります。距離が短くなれば、短くなったぶんだけ肩関節で発揮されるトルクが小さくて済むわけです。逆上がりを行ううえで大切な肩関節の伸展動作の際には、肘を曲げていたほうが筋力は小さくて済むということがおわかりいただけると思います。

　それでは、鉄棒の握り方は順手と逆手のどちらが楽に逆上がりができるでしょうか。この答えは、逆手ということになります。なぜなら、肘を曲げるために主に働く

筋肉は上腕二頭筋ですが、この筋肉は順手握りをした（前腕を回内した）場合に最大の筋力発揮ができなくなるからです。

　肩関節の伸展動作は後方への身体の回転にとっても大切な動作ですが、身体の後方への回転は振り上げ脚の振り上げによっても生み出されます。後方回転をうまくするためには振り上げ脚を鉄棒の上にしっかりと速く振り上げることが必要です。練習時には、別の人が鉄棒の真上に手をかざすなどして、脚を振り上げる場所の目安をつくってあげるとよいでしょう。また振り上げ脚をしっかりと振り上げるうえで大切な役割をもつのが振り上げる脚と逆側の脚です。これを踏み切り脚と呼びますが、踏み切り脚で地面を強く踏みつけることが、振り上げ脚をしっかりと振り上げることにつながります。踏み切り脚を鉄棒よりやや前に、振り上げ脚をそれより一歩分後ろにする足が前後に開いた状態から、踏み切り脚で地面を強く踏みながら振り上げ脚をしっかりと鉄棒の真上まで振り上げるようにしましょう（93ページの写真）。足が地面に着かない高鉄棒での逆上がりがとても難しいのは、この両脚の動作を行うことができないことと、肘が伸びて脇が開ききった姿勢から肩関節を伸展させることが難しいことによるのです。

　さらに、後方に回転することに強く意識が向くと、顎を上げて首を後屈させてしまいがちですが、そうすると脇を閉じる力を発揮することが難しくなってしまいます。自分が脚を振り上げる位置を確認するためにも、顎はできるだけ締めておきましょう。

　以上をまとめますと、低鉄棒での逆上がりを楽に行うためには、①鉄棒を逆手で握って肘を曲げ、②踏み切り脚を前、振り上げ脚を後ろに開いて立った姿勢から、③肘を曲げたまま肩関節を伸展させる（脇を閉じる）と同時に、④踏み切り脚で地面を強く踏みながら振り上げ脚をしっかりと鉄棒の真上まで振り上げる、ということになります。

　これはあくまでも「楽に」逆上がりを行うための方法です。つまり、逆上がりができない人や初心者向けのやり方といえます。体操競技や器械運動では、より難しいことができたほうが評価が高くなるのですから、上級者の逆上がりは、高鉄棒を順手で握り、肘をできるだけ曲げないで、脚をそろえて行う、ということになります（次の写真）。とはいえこれらすべてを満足した逆上がりを行うことはそれほど容易ではありません。まずは握りを逆手ではなく順手にした逆上がりができることを目指してください。逆上がりを行って鉄棒上に支持した姿勢で行う中技の多くは順手で行いま

すし、逆上がりの発展技を実施する際にも順手で鉄棒を握っていることが
必要になるためです。

空中逆上がり（後方支持回転）：鉄棒上で行う技の第一歩

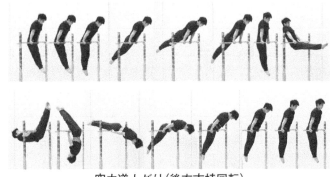

空中逆上がり（後方支持回転）

　空中逆上がりは、正式には「後方支持回転」といいます。この技は、支
持姿勢から鉄棒を軸にして後方に回転し、再び支持姿勢となる技です。逆
上がりは鉄棒の高さに身体を持ち上げ、後方に回転する技でしたが、この
うち鉄棒の高さに身体を持ち上げることは必要ありません。その代わり
に、回転の軸である鉄棒を常に身体の近くに位置させておくことが必要に
なります。これができないと、脇が開いて回転できず落下してしまいます
（下の写真）。鉄棒を常に身体の近くに位置させておくために必要なのが、
ここでも肩関節伸展の力発揮です。

後方に回転するための勢いを支持姿勢で静止した状態から生み出すのはとても大変ですから、すでに練習している支持振動の脚振りの勢いを使います。脚が後ろに振られる際に、お腹が鉄棒から離れるくらいの支持振動ができるようになることが必要です。後方支持回転では、脚が後ろに振られ、お腹が鉄棒から離れた姿勢から、脚が後ろから前に振り戻され、お腹が再び鉄棒に着いても、脚を前から上へと振りつづけます。はじめのうちはお腹が鉄棒に着くまでは膝は伸ばし、お腹が鉄棒に着いたら膝を曲げて膝を上に振り上げるようにするとよいでしょう（下の写真）。

　脚の振り上げと同時に肩関節伸展（脇を閉じる）の力を発揮して、鉄棒がお腹から離れてしまわないようにします。このとき、逆上がりでも説明したとおり、後方に回転することばかりに意識が向くと、どうしても顎を上げて首を後屈させてしまいがちで、脇を閉じておくことが難しくなってしまいます（下の写真）。できるだけ首は後屈せずに、顎を締めておくことが大切です。

　さらに、いくら脚の振りを大きくしても、その脚の振りの勢いが上半身に伝わらなければ身体全体を後方に回転させることはできません。脚が後ろから前に振られる際に、その振りの勢いを上半身に伝え、上半身を後方に回転させる必要があるのです。こうした上半身を後方に回転させるという動作を、体操競技の指導現場では「肩を回す」という表現をします。肩を回すためには脚の前方への振り込みの勢いが必要ですが、勢いよく脚が

後ろから前に振られても、肩が後方ではなく前方に動いてしまってはいけません。脚の振りを上半身に伝えるためには、両腕でしっかりと鉄棒を支持し、身体全体に力を入れておくことが必要です。そのためにも支持振動の練習を怠らないでください。

空中前回り（前方支持回転）

空中前回り（前方支持回転）

意外とできない人が多いのはなぜ？
―空中前回りと空中逆上がりはまったくの別物である

　後方支持回転と並んで鉄棒の代表的な中技が空中前回り、正式名称でいうと「前方支持回転」です。すでに紹介した前回り下りと同じように支持姿勢から前方に回転しますが、前回り下りと違って再び支持姿勢に戻らなければならない技です。物理の授業で力学的エネルギー保存の法則を学ぶ際、振り子運動を例にとると思います。振り子が図5-2左のようにAからB、さらにCに振れるとき、Cでは重りは振れ始めのAの時点の高さと同じ高さに上がります。なぜなら振り子が振れる際には位置エネルギーと運動エネ

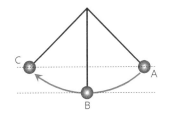
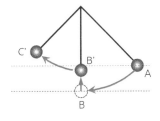

図5-2　振り子の運動

ルギーの和が常に一定で、Aの時点で重りがもつ位置エネルギーが、Bの時点(真下)ですべて運動エネルギーに変換され、Cの時点ではその運動エネルギーのすべてが位置エネルギーに変換されるから、という説明です。

　ここで図5-2右のように振り子のひもをBの時点で一気に短くしてB'に移動したとすると、B'にある重りは運動エネルギーに加えてひもが短くなったぶんだけの位置エネルギーをもつことになりますから、C'では最初のAの高さよりもより高い位置に振れることになります。理屈からいえば、前方支持回転を行う際、はじめの支持姿勢で頭が鉄棒の真上にある姿勢から図5-2左の振り子のように動けば、何もしなくても前方に回転してそれと同じ高さに頭が来ることになりますが、もっと楽に回転して支持姿勢に戻りたかったら、頭が鉄棒の真下を通過した直後に鉄棒から頭までの長さを短くすればよいということになります。ただし、物理の授業で振り子が扱われるときには、摩擦や空気抵抗がないと仮定した場合には、という条件が付いています。実際に前方支持回転を行う際には、鉄棒と鉄棒を握る手の間に摩擦が生じますし、鉄棒とお腹を着けていますからそこにも大きな摩擦が生じます。さらに空気抵抗も無視できません。こうした摩擦や空気抵抗は回転を妨げる方向に働きますから、回転を妨げる力があっても再び支持に戻るためには図5-2右のように動くことが必要になります。理屈は単純で、この理屈どおりに動けばよいのですが、理屈はわかっていても、人の身体はなかなか自分の思いどおりに動かせない、動いてくれないものです。これは前方支持回転に限らず、あらゆることに共通することです。

　また、前方支持回転において鉄棒上で支持姿勢がとれるように戻ってくるためには、回り始めの時点でできる限り回転の勢いを大きく得ておく必要があります。

前方支持回転の練習方法

　では、前方支持回転を成功させるために必要な動作、すなわち技術とその練習方法を解説しましょう。前方支持回転の技術には、①回り始めの大きさ(=鉄棒から頭のてっぺんまでの距離：回転半径)を大きくするために、鉄棒から頭までの距離を長くして首は後屈位で勢いよく回転を始める、②頭が鉄棒の真下を通過したら、今度は回転半径を小さくするために首を前屈させて背中を丸めると同時に股関節を屈曲させて前屈する、③回

り終わりに手首を握り返す、④回転軸となる鉄棒を常に身体に着けておく、ということがあげられます。

　なお下半身は、上半身が鉄棒を中心に回転するのを妨げないように、鉄棒から足先までの距離を短くしておく必要があります。鉄棒から足先までの距離を短くするには膝を曲げればよいのですが、回転を始めてから膝を曲げるのはやや面倒ですから、はじめから膝を曲げておくことをお勧めします。

　ではまず、前方支持回転を開始する際の支持姿勢を確認しておきましょう。前方支持回転を開始する際の支持姿勢は、両腕をしっかり伸ばし、膝と股関節はやや曲げ、鉄棒をお腹というよりも太腿の付け根あたりに着けて、顎を開いてやや胸を張り背筋を伸ばす、という姿勢です（写真左）。決して肘を曲げたり、背中を丸めたりしてはいけません。できるだけ鉄棒から頭のてっぺんまでの距離を長くしておくのです。支持振動がうまくできる方なら、この姿勢は難しくないでしょう。また、この開始姿勢では、後に手首を握り返しやすく（掌屈しやすく）するために、鉄棒をしっかりと握ることはしないほうがよいでしょう。

　その姿勢からいきなり前方支持回転を行う、というのでもよいのですが、ここでは、前回り下りのときにも指摘しましたが、まず太腿の付け根で鉄棒にぶら下がる、ということを経験しておいてください。これは頭が鉄棒の真下を通過するまではできるだけ鉄棒と頭との距離を長くしておくということと、先の④回転軸となる鉄棒を常に身体に着けておくということにつながります。先ほどの支持姿勢とまったく同じ姿勢あるいはやや股関節を屈曲させて、大腿の付け根で鉄棒にぶら下がることを意識してください（写真右）。

　先ほど解説した支持姿勢から前方に回転し始めるのですが、回転を始める際に下を見てはいけません。下を見てしまうと顎が締まって背中が丸まり、鉄棒と頭の距離が短くなってしまいます。前方を見て顎を開き、背筋を伸ばしたままできるだけ勢いよく回転を始めます。頭が鉄棒の真下を通過するときは、先ほど経験した太腿の付け根で鉄棒にぶら下がる、という

ことを忘れないでください。

　頭が鉄棒の真下を通過した後に、今度は顎を締めて首を前屈させ、肘も曲げて背中を丸めます。この練習として、太腿の付け根で鉄棒にぶら下がって少し身体を振り、頭が鉄棒の真下に来るまでは顎を開いてやや胸を張って背筋を伸ばし、頭が鉄棒の真下を通過したら顎を締めて首を前屈させ、背中を丸めて頭を持ち上げる、ということを行ってください（下の写真）。また、背中を丸める際に、股関節が開いてしまわないよう、股関節を屈曲させて前屈させます（膝に顔を近づけます）。

　回り終わりの時点では、肘を曲げ、手首を握り返すことが必要です。手首が背屈している（手の甲側に曲がっている）と、身体が前方に回転することを妨げてしまいますから、手首を掌屈させる（手のひら側に曲げる）ように握りなおすのです。先ほどの練習で、背中を丸めて頭を持ち上げる際に、肘を曲げて手首を掌屈させることも意識して行ってください。

　この前方支持回転の回り終わりの際にも、先の④回転軸となる鉄棒を常に身体に着けておく、ということが重要です。ここで大切なのが脇を閉じる、すなわち肩関節伸展の力発揮です。肘を曲げて手首を掌屈させ、鉄棒を下方向に押さえつけながら、肩関節伸展の力を使って鉄棒から身体が離れないようにするのです。

　膝を曲げた前方支持回転が楽にできるようになったら、膝を伸ばした姿勢でできるように練習しましょう。膝を伸ばすと下肢の慣性モーメントが大きくなって前方への回転の妨げとなりますし、回転の終盤で背中を丸め、股関節を屈曲させることが難しくなります。より難しいことができるようになることが上級者への道のりですから、あきらめずに練習してください。

グライダー：勢いをつける感覚を身につけるのに最適

グライダー

　グライダーと呼ばれる下り技には、「後方足裏支持回転振り出し下り」という正式名称が付いています。その正式名称のとおり、両腕支持の姿勢でさらに足の裏を鉄棒に着け、後方に回転している途中で前方に振り出して下りる技です。私が子どものころは飛行機とびと呼ばれていましたが、現在はハイカラな名前で呼ばれています。

　「振り出し」は、脇を開き（肩関節を屈曲させ）、股関節を開く（伸展させる）動作ですから、「後方回転振り出し下り」は、後方回転の途中で肩関節を屈曲、股関節を伸展させて鉄棒から手を放して下りる技のことです。この動作は足の裏を鉄棒に着けた姿勢でなくても、支持姿勢からの後方支持回転の途中からでも、あるいは鉄棒上からではなくても行うことができます。まずは下の写真のように、鉄棒へのとびつきの途中からの振り出し下りを練習しましょう。

振り出し下り

英語では、ゆかは Floor exercises で、FXと略します。　鉄棒、平行棒はそれぞれ Horizontal（あるいは High）bar（HB）、Parallel bars（PB）です。

鉄棒へのとびつきと同じように鉄棒を順手で握って軽く跳び上がって脇をやや閉じ（肩関節を伸展させ）、ただちに股関節を屈曲させて足首あたりを鉄棒に近づけ、一度脇がやや閉じられ、腰が屈曲した姿勢をつくります。このとき、肩やお尻を鉄棒からできるだけ遠ざけるようにします。振り出し下りは身体が鉄棒に対して振り子のように振れなければ前に下りることができませんから、身体が鉄棒の真下を通過するよりもできるだけ早い時点で振り子の振り始めとなるこの姿勢をつくるのです。これが遅れると振り子は前に振れてくれません。うまく身体が前に振られたら、閉じていた脇を開き（肩関節を屈曲させ）、曲げた腰を少し反るくらいまでしっかりと伸ばして（股関節をしっかりと伸展させて）鉄棒から手を放し、地面に直立できるようにします。手を放すときには、手首を背屈させ、親指で鉄棒を押すようにします。この練習に限らず、振り出し下りの練習では肘は絶対に曲げないようにしてください。肘を曲げると鉄棒が顔に近づいて、顔を鉄棒に強打することになりかねません。この練習によって、身体が前に振られるのにあわせて肩関節を屈曲、股関節を伸展させるタイミングをつかんでください。肩関節屈曲と股関節伸展が早すぎると鉄棒より前に下りることができません。

　とびつきの途中からの振り出し下りができたら、お腹をより鉄棒に近づけるとびつきから、一度鉄棒上に支持姿勢となって、同じように振り出し下りができるようにします（下の写真）。

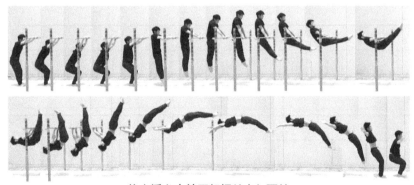

後方浮き支持回転振り出し下り

　すでに紹介した後方支持回転では、脚を前に振り込んだ後は鉄棒を常にお腹のあたりに着けておくことが大切でしたが、ここでは脚が前に振れてもお腹を鉄棒には着けずに、ただし脇が開ききってしまわないようにある

程度の角度を保って、背中を丸め、なおかつ膝のあたりを鉄棒に近づけた姿勢で鉄棒にぶら下がることが必要です。ここでも肩関節を伸展させる力をしっかりと発揮することが大切です。ちなみに、お腹が鉄棒から離れて支持した姿勢のことを「浮き支持」といいますから、ここで練習している技は「後方浮き支持回転振り出し下り」といいます。

　グライダーは、この後方浮き支持回転振り出し下りを、足の裏を鉄棒に着けた姿勢から行う技です。いきなり両足を鉄棒上に乗せるのは怖さもあり難しいですから、段階を踏んだ練習が必要です。まずは支持姿勢のまま、左右どちらかの脚の膝を鉄棒に乗せましょう。膝は曲げてかまいません。その状態からもう一方の足を鉄棒に乗せ、両膝を曲げて足の裏が鉄棒上に乗った支持姿勢をとります。次に両膝を伸ばし、肩とお尻をできるだけ鉄棒から離した姿勢で後方回転を始めます。膝を伸ばすタイミングが遅れると、身体は振り子にならず下に落下してしまいますから（下の写真）、できるだけ早く膝を伸ばします。

　もちろん最初は怖いでしょうが、少しずつでよいので膝を伸ばすタイミングを早めていきましょう。足を鉄棒に乗せる練習は、補助者をつけて行うとよいでしょう（下の写真）。補助者は実施者が足を鉄棒に乗せる際に身体が落下しないよう、腰のあたりを支えてあげてください。

　この後はすでに練習しているように、身体が前に振られたら、やや閉じられていた脇を開き（肩関節を屈曲させ）、曲げていた腰を少し反るくらいまでしっかりと伸ばして（股関節をしっかりと伸展させて）鉄棒から手を放し、地面に直立できるようにします（次の写真）。

す。あん馬、平均台はそれぞれ Pommel horse（PH）、Balance beam（BB）です。

英語では、段違い平行棒は Uneven bars（UB）または Uneven parallel bars（UPB）といいま

　片足ずつ鉄棒に乗せることに慣れたら、支持振動の勢いを使って一気に両足を鉄棒に乗せる練習をしましょう。最初は膝を曲げても結構ですが、両膝を伸ばしてできるようになれば最高です。

コウモリ振り下り

コウモリ振り下り

　コウモリ振り下りは、膝の裏を鉄棒に掛けてぶら下がることが許されていない体操競技の鉄棒では見ることができない技ですが、学校体育の授業で行われる器械運動では「両膝掛け振動下り」として扱われています。平成29年の小学校学習指導要領解説では、1、2年生で「こうもり」として鉄棒に膝の裏を掛けてぶら下がること、3、4年生で「両膝掛け倒立下り」、5、6年生で「両膝掛け振動下り」が例示されています。「両膝掛け倒立下り」とは、低鉄棒で「鉄棒に両膝を掛けた姿勢から両手を放し、その両手を地面に着いて倒立の姿勢になり、指先の方向へ手で少し歩いて移動し、両膝を鉄棒から外してつま先から下りること」、「両膝掛け振動下り」とは、やや高い鉄棒で「鉄棒に両膝を掛けて逆さまになり両手を離し、腕と頭を使って体を前後に振動させ、振動が前から後ろに振れ戻る前に膝を鉄棒から外して下りること」です（小学校学習指導要領（平成29年告示）解説【体育編】）。この学習指導要領解説のとおりの順番で練習していきましょう。

　まずは膝を曲げ、膝の裏を鉄棒に掛けてぶら下がるコウモリの練習です。すでに練習している足抜きで、膝を曲げた脚を鉄棒と頭の間に入れる際に、足が鉄棒の真下を通過した直後に両膝を鉄棒に掛けます。鉄棒から手を離すのが怖い場合、はじめは手を離さずにいてもよいでしょう。手を離す場合には、何より鉄棒の高さに注意してください。低すぎる鉄棒で行うと、頭を地面にぶつけてしまうかもしれません。膝立ちをしたときに自分の頭のてっぺんよりも高い鉄棒で行ってください。膝の裏を鉄棒に掛けてぶら下がるのですから、膝は常に曲げておかなくてはなりません。補助者に膝が伸びてしまわないよう、足首や脛のあたりを押さえてもらえると安心です。鉄棒から手を離す際は、お腹に力を入れてゆっくりぶら下がりましょう。手を放して胸の前で腕組みをすれば、気分は虎の穴でタイガーマスクになるために修業中の伊達直人です

英語で跳馬はVaultです。正式名は、以前はVaulting horseでしたが、2001年から器具の形が変わりVaulting table（VT）となりました。日本語ではまだ「馬」が付きます。

（余計でした）。

　つづいて、鉄棒から離した両手を地面に着けてみましょう。顎を開いて地面をしっかりと見てください。これが「両膝掛け倒立」です。さらに地面に着いた手で背中側に歩き、頭が鉄棒の真下から数十cm前に離れたら、腕に力を入れたまま膝を鉄棒から外して地面に着地します。これは「両膝掛け倒立下り」ですね（下の写真）。このときも顎を開き、地面をしっかり見てください。

両膝掛け倒立下り

　「両膝掛け倒立下り」に慣れてきたら、いよいよ「両膝掛け振動下り」、つまりコウモリ振り下りです。膝裏を鉄棒に掛けたコウモリの姿勢で振動を行います。振動を行うためには、頭が鉄棒の真下にあるコウモリの姿勢からお腹側に振るときは、バンザイしていた両腕をお腹側に振るようにして脇を閉じ、腹筋に力を入れて顎を締めて背中を丸めます。反対に背中側に振るときは、腕を大きくバンザイのように振って、頭が鉄棒の真下に来たら背中を反らし、顎を開いて地面を見ます。振れ始めたら、腹側に振れる際は脇を閉めて（肩関節を伸展させて）顎を締めて背中を丸め、背中側に振れる際は、今度は脇を徐々に開いて（肩関節を屈曲させて）バンザイして顎を開くという動作を繰り返すことで振動がどんどん大きくなっていくでしょう。背中側にもっとも振れたときは、振動の向きが次はお腹側へと変わるわけですから、振れの速度が一瞬だけゼロになります。この瞬間では頭も一瞬止まりますので、振動している際には動いていたまわりの景色も一瞬止まる、あるいはゆっくり動くはずです。この景色が一瞬止まるあるいはゆっくり動く、ということを意識的に確認してください。まわりの景色が早く動いてよく見えないときに鉄棒から膝を外して下りる、というのは怖いでしょうし、下りる位置も安定しません。ある程度振動が大きくなってから、身体がもっとも背中側に振れて景色が一瞬止まったときに地面をしっかり見たまま鉄棒に掛けていた膝を伸ばして鉄棒から外して下りるようにします。

け上がり

け上がり

け上がりのバイオメカニクス

　け上がりは、中学校あるいは高等学校の学習指導要領にも例示されている鉄棒の上がり技です。け上がりをはじめて見る方には、どうやって懸垂姿勢から支持姿勢になるのかわからない、ちょっと不思議な技かもしれません。け上がりは低鉄棒で行う場合でも高鉄棒で行う場合でも、身体を鉄棒に対して振り子のように振ることが必要な振動技です。少し細かく解説していきましょう。

　まず肩関節だけに注目してください。身体全体が鉄棒の手前（写真の左側）から鉄棒の前方（写真の右側）へ振られる際、肩関節は大きく開かれた姿勢となります。その後、身体が前から後ろに振れ戻る際に脇が閉じられていき（肩関節が伸展されていき）、最終的に支持姿勢になったときには脇は完全に閉じられています。肩の軌跡は鉄棒を中心として円弧を描きます。

　次は股関節に注目します。身体全体が鉄棒の手前から前方へ振られる際、股関節は大きく開かれた姿勢となります。その後、身体が前から後ろに振れ戻る際に腰が曲げられて（股関節が屈曲されて）足首付近が鉄棒のすぐ近くに寄せられ、振れ戻りの最中に曲げた腰が伸ばされて（股関節が伸展されて）、支持姿勢になったときには腰を伸ばした姿勢となります。

　この肩関節と股関節の運動をあわせるタイミングですが、け上がりを対象とした研究によって、肩関節の急激な伸展は、股関節の屈曲に先行させてはならないことが明らかにされています（土屋ほか、2004）。つまり、身体が鉄棒の真下を通過して前に振れた後、股関節を屈曲してから、振れ戻りの際に股関節の伸展にあわせて肩関節を伸展させることが重要です。また鉄棒と身体の距離は、足首を鉄棒の近くに寄せた後は、脚の前面が鉄棒を擦るような近い距離を維持しなくてはいけません。

　図5-3はけ上がりを実施したときの身体の動きと身体重心の位置変化、および身体重心の軌跡です。この図をご覧いただければ、身体が鉄棒の前

「蹴って上がる」運動であると表現されたことから「蹴上がり」とされていましたが、石田（1961）によりこの認識の誤りが指摘されました。本書では「け上がり」とします。

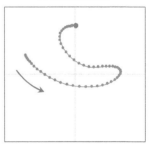

身体の動きと身体重心の位置変化

身体重心の軌跡

図5-3　け上がりを実施したときの身体の動きと身体重心の位置変化、さらに身体重心の軌跡
［土屋、未発表資料］

方に振られ、前から後ろに振れ戻る際に股関節が屈曲された後に、肩関節が伸展されることがおわかりいただけると思います。また、身体重心を重りに見立てた振り子として見れば、振り子が振れ戻る際に振り子の糸の長さがどんどん短くなって身体重心が鉄棒に近づいていくこともおわかりいただけるでしょう。また、け上がり実施中の肩関節と股関節の角度変化、発揮トルクの変化を示したのが図5-4です（山田ら、2003）。股関節の屈曲が肩関節の伸展に先んじて行われ、肩関節の伸展トルクが振れ戻りの際にずっと発揮されつづけていることがわかります。

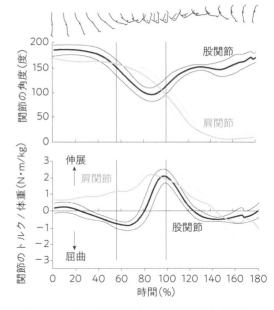

図5-4　け上がり実施中の肩関節と股関節の角度変化、発揮トルクの変化
［山田 哲、阿江通良、藤井範久：Japanese Journal of Biomechanics in Sports and Exercise, 7: 43-53（2003）より一部改変］

　こうした動作の特徴から、け上がりの技術として以下の点をあげること

ができます。①身体全体を鉄棒の前に振る、②身体が後ろに振れ戻る直前から股関節を屈曲させて足首を鉄棒に近づける、③後ろへの振れ戻りの最中に、身体を鉄棒から離さず脚の前面が鉄棒を擦るように肩関節を強く伸展させる、です。これらに加えて、鉄棒を脚から離さず肩関節を伸展させる際には鉄棒を下方向に押さえつけるような肩関節伸展の力発揮が必要ですが、手首が背屈していると、この力が十分に発揮できません。また、前方支持回転の項でも述べましたが、支持姿勢になる直前に手首が背屈していると身体が前方に回転することを妨げてしまいますから、支持姿勢になる直前に手首を掌屈させるように握り返すことも大切です。したがって、①は「手首をできるだけ掌屈位に固定して」身体全体を鉄棒の前に振るとなり、④支持姿勢になる直前に手首を掌屈させるように握り返す、が加わることになります。改めてけ上がりの技術をまとめれば、①手首をできるだけ掌屈位に固定して身体全体を鉄棒の前に振る、②身体が後ろに振れ戻る直前から股関節を屈曲させて足首を鉄棒に近づける、③後ろへの振り戻りの最中に、鉄棒から身体を離さずに脚の前面が鉄棒を擦るように肩関節を強く伸展させる、④支持姿勢になる直前に手首を掌屈させるように握り返す、となります。それではこうした技術を習得するための練習をしていきましょう。

け上がりの練習方法

　まずは手首を掌屈位に固定しての前振りです。順手で鉄棒を握り、脇を開いたまま、鉄棒の手前から前方に向かって身体を振ります。低鉄棒の場合には足が地面に着いた状態で前に歩きます。足が地面に着かないような高鉄棒であれば肘が曲がることはないでしょうが、低鉄棒で行う際には肘が曲がってしまいがちです。肘を曲げると振り子のように振動できませんから、肘は必ず伸ばしておきましょう。身体を前に振るときに、手の握りが身体の振りにあわせて動いてしまわないように、できるだけ手首を掌屈させたまま（手首を固定したまま、128ページ図5-13参照）にしてください。肩が鉄棒の真下を通過して、鉄棒よりも前方に位置する程度まで身体を振る、あるいは歩くことを覚えてください。

　次は、股関節屈曲の練習を後回しにして、肩関節伸展の練習をしましょう。け上がりにおいて肩関節伸展はもっとも重要ともいえる動作です。この動作の基本的な練習が低鉄棒へのとびつきであることはすでに紹介した

け上がりは英語で「Kip」といいます。なお、はね起きは英語で「Kip-up」といいます。この場合のkipは寝るという意味です。

111

とおりです。ここではさらに、け上がりの際の肩関節の動きに近づけた練習をしましょう。肘は曲げず、手首はできるだけ掌屈位を維持したまま鉄棒の下に一度しゃがんで、脇を鉄棒の真下よりも前に出した後、肩を後ろに振って肘を曲げないようにしてとびつくという練習を行ってください（下の写真）。

　さらに、補助してくれる人がまわりに三人いる場合には、ぜひ次のような練習を行ってください。補助者の一人は実施者の前に立ち、残りの二人（下の写真では一人）は鉄棒の横に立って実施者の手を押さえます。前に立った補助者が実施者の脚を持ち、実施者の身体を振り子のように振らせます。下の写真のように肩が振れ戻る際に「1、2、3」と声をかけ、「3」のタイミングにあわせて実施者は脇を閉じて（肩関節を伸展させて）、鉄棒上に支持姿勢となります。脚を持った補助者は実施者が鉄棒上に支持姿勢になるまで脚を持ちつづけ、支持姿勢になりやすいように脚を押してあげます。横にいる補助者二人は実施者の手が鉄棒から離れてしまわないように上から手を押さえながら、実施者が支持姿勢になろうと肩関節を伸展する際にお尻から背中を支えて助けるようにします。こうした練習によって、実施者は肩関節の伸展動作によって懸垂姿勢から支持姿勢になる感覚をつかんでください。

　最後に身体を前に振り、その後、後ろに振れ戻る直前から膝を伸ばした
まま股関節を屈曲させて足首を鉄棒に近づける動きの練習です（下の写
真）。け上がりの際には身体を前に振った勢いを使えますから、鉄棒にぶ
ら下がって静止した姿勢からゆっくりと足を鉄棒に近づけるときのような
とても大きな筋力が必要というわけではありませんが、ある程度の筋力は
必要です。

　最初はゆかに仰向けに寝てバンザイをした姿勢で、膝を伸ばしたまま股
関節を屈曲させて手の位置に足首を着ける練習をしましょう。できれば鉄棒
の下に斜面をつくって同じ動きの練習ができるとよいでしょう（下の写真）。

　この動きを、先に練習した手首を掌屈位に固定した前振りから行いま
す。肩が鉄棒の前まで振れ、後ろに振れ戻る寸前に膝を伸ばしたまま股関
節を屈曲させて鉄棒に足首を着けるようにします。このとき、足首を鉄棒
に近づけようとするとどうしても肩に力が入って肩関節を伸展させてしま
いがちです（下の写真）。肩に力が入ること自体は、続く肩関節伸展の力発
揮の準備として悪いことではありませんが、脇が大きく閉じられることが
あってはなりません。股関節が屈曲せずに肩関節が伸展すると、足首を鉄
棒に近づける姿勢はできません。あくまでも、まずは股関節の屈曲が重要
なのです。

足首を鉄棒に着けることができたら、脚の前面が鉄棒を擦るように肩関節を強く伸展させる練習を行います。これはいきなり鉄棒で行うことは難しいですから、まずはゆかの上で行います。先ほどゆかに仰向けに寝てバンザイをした姿勢で、膝を伸ばしたまま股関節を屈曲させて手の位置に足首を着ける練習をしましたが、その後に脚を元の位置に戻しながら上半身を起こし、その過程で手は脚の前すれすれを足首からお腹に移動させます。この際、何か鉄棒に模した棒を握って行うとよいでしょう。

この動作は立った姿勢でも行うことができます。

この動作が「ズボンをはく」動作に似ていることが、け上がりにおいて「ズボンをはく」ように、とよく指導される所以です。け上がりというと、脚を蹴り下ろす動作が重要であるように感じますが、そうではありません。

足首を鉄棒に近づけた後、脚を蹴り下ろすように素早く股関節を伸展させてしまうと、脚が鉄棒から離れ、結果的に身体は鉄棒から離れるので支持姿勢に至ることができません。脚は蹴り下ろすのではなく、脚の前面が鉄棒を擦るように、足先が円を描くように動かすことが大切です。図5-5はけ上がりを実施したときの足先の軌跡を点線で示したものですが、矢印③の部分をご覧いただけば、足首を鉄棒に近づけた後、足先が鉄棒の上

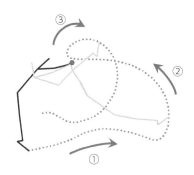

図5-5　け上がり実施時の足先の軌跡
[土屋、未発表資料]

で円を描くように動いていることがおわかりになると思います。

　ここまで来たら、実際にけ上がりの全過程を一人で練習します。私の大学の授業では、け上がりを扱う最初の授業で上記の練習を行った後、一人で数回練習しただけでけ上がりに成功する学生が稀にあらわれます。そうした学生は日頃から部活動でスポーツを行っていて、さらにある程度の筋力も備えている学生です。多くの学生も同じように日頃からスポーツを行い、筋力もあるのですが、それでも長期間練習してようやくけ上がりに成功します。個人差はありますが、け上がりに成功するためにはコツコツ練習していくことが何よりも大切です。

　「一人で練習」と述べましたが、補助をしてくれる仲間がいると大きな助けになります。補助者は実施者の横に立って、実施者が鉄棒で前振りを行い、振れ戻りの際に足首を鉄棒に近づけ始めたら、ふくらはぎあたりに手を添えて股関節の屈曲を助けてあげます。つづいて、その手を放さずに、もう一方の手で実施者の腰あたりを下から支え、両腕で実施者を持ち上げるように、かつ腰のあたりを支えた手は円を描くようにして、実施者を鉄棒上に支持させます（下の写真）。実施者の左右両側から補助する二人の補助者がいるとなおよいでしょう。

各種の失敗例に対するアドバイス

　け上がりがうまくできない代表的な失敗のパターンと、それに対する注意点を以下にあげておきます。

［低鉄棒の場合、肘を曲げて歩き出してしまい肩が鉄棒より前に出ない（＝振動がつくれない）］

け上がりは身体が鉄棒に対して前後に振れる振動を利用した技ですから、身体、特に肩が鉄棒の前に振れなければうまく行うことはできません。低鉄棒での練習の際によく見られるのが、足先は鉄棒の前まで歩いているけれども、肩が鉄棒より前に出ていない実施です。これでは振動を使うことができません。脇を大きく開いて肘を曲げず、肩が鉄棒の真下よりも前に位置するように鉄棒の前方に歩くあるいは振ることを意識してください。

[足首を鉄棒に着けるタイミングが遅い]

　鉄棒の前に身体を振る際、腹を突き出すようにしてしまうと、腰を曲げて足首を鉄棒に着けるタイミングが遅れてしまうことがあります。タイミングが遅れるとは、足首を鉄棒に着けたときに、身体、特に肩が鉄棒の真下より後ろに大きく振れ戻ってしまっている、ということです。肩が鉄棒よりも前に位置している間にできるだけ素早く腰を曲げ、足首を鉄棒に近づけるようにしましょう。これには筋力も必要ですから、腹筋を鍛えることも忘れないでください。

[足首が鉄棒から離れている]

　動作のかたちはまずまずできているのに、け上がりができないもっとも多くの失敗がこのパターンであるといってもよいでしょう。腰を曲げて足首を鉄棒に近づける際、足首と鉄棒の距離は近ければ近いほどよいのです。足首と鉄棒の距離が遠いと、その後の「ズボンをはく」動きの間に脚を鉄棒に近づけることは至難の業です。鉄棒に脛をぶつけて痛い思いをするのではないかという恐怖心がある場合には、鉄棒にクッションを巻いておく、あるいは、サッカーの脛あてなどを着用するとよいでしょう。

[振れ戻りの際に脚が鉄棒から遠ざかっていく]

　これも上と同じくよく見られる失敗のパターンです。すでに説明しているとおり、足首を鉄棒に近づけたら、「ズボンをはく」ような動作が必要です。脚は蹴り下ろすのではなく、脚の前面が鉄棒を擦るように、足先が円を描くように動かすことが大切です。

[鉄棒から手が離れてしまいそうになる]

　身体が鉄棒の前から振れ戻り、肩関節と股関節の伸展を行う際、鉄棒から手が離れてしまいそうになることがあるかもしれません。これは、身体を鉄棒の前に振る、あるいは鉄棒の前まで歩く際に、鉄棒を握った手も一緒にずれて動いてしまうことに大きな原因があります。け上がりを行う際

には、最初から手首を掌屈させるように鉄棒をしっかりと深く握り、身体を鉄棒の前に振る、あるいは鉄棒の前まで歩く際にもその掌屈させた手首をできるだけ維持するようにします。それが最終局面で支持姿勢になる際に手首をさらに掌屈させる手助けにもなります。

ともえ

後方浮き支持回転（ともえ）

　金子(1984)によれば、ともえという技は、お腹を鉄棒に着けない浮き支持から鉄棒を軸に後方に回転し、身体が鉄棒の上に戻ってきた際に再び浮き支持を経由して、そのまま鉄棒にぶら下がって(懸垂して)前に振る、という技です。その運動過程が巴といわれる図形(図5-6)によく似ていることからそう呼ばれています。ともえという技は、鉄棒に懸垂する技ですから、浮き支持から後方に１回転して再び鉄棒の上で浮き支

図5-6　巴の図形

持姿勢をとる「後方浮き支持回転」(上の写真)という技とは、厳密には区別されます(金子、1984)。とはいえ、ともえと後方浮き支持回転とは、後方回転して身体が鉄棒の上に来たときの姿勢(浮き支持)はよく似ています。また、ともえと後方浮支持回転を習得するための練習に大きな違いはありませんから、ここでは後方浮き支持回転も、厳密な意味でのともえという技も、どちらもともえと呼ぶことにします。

　ともえの基本は何といっても後方支持回転です。この技はすでに解説していますので、ここでは後方支持回転を、肘と膝は伸ばしたままで上手にできることを前提として話を進めます。後方支持回転とともえの大きな違

いは、お腹が鉄棒に着いた姿勢で終わるか、お腹が鉄棒に着いていない姿勢で終わるかという点です。以下では、後方支持回転から徐々にともえに変形させていく練習を紹介します。後方支持回転では支持振動で脚が後ろに振られてお腹が鉄棒から離れた姿勢から、お腹を再び鉄棒に着けるようにして回転しましたが、鉄棒を身体に着ける位置を、お腹ではなく徐々に太腿の付け根から真ん中あたりまで移動させていきます（下の写真）。

　このとき、回転の始めから終わりまで、倒立の項で紹介した「胸を含んだ」姿勢を保つように背中を丸めます。お腹を鉄棒に着けるときとは異なり脇は閉じ切らなくなりますが、それでも後方回転の最中は太腿から鉄棒が離れすぎていかないよう、脇が開きすぎないように力を入れつづけます。脚を後ろから前、さらには上へと振り込む動きも、後方支持回転より素早く強く行います。脚を振り込む際には、少し腰を曲げた姿勢を保持したまま身体に力を入れておくこと意識してください。脚の振りの勢いを上半身の回転につなげるために肩を回すこと（「肩を外す」といいます）、できるだけ首は後屈せずに顎を締めておくことは後方支持回転と同じです。この練習における回転終了時の姿勢は、上の写真のように鉄棒が太腿の付け根付近にある支持姿勢ですが、後方回転の勢いが大きすぎて支持姿勢を通り越して鉄棒から下りてしまうくらいでも結構です（下の写真）。それくらい脚の振り込みや肩の回転を速くして、勢いよく回転できるようにしてください。回転の途中で回転の勢いを大きくすることは難しいため、脚の振り込みの勢いが小さいと、鉄棒上に支持姿勢で戻ってくることが難しく、肘が曲がってしまったり、お腹を鉄棒にぶつけてしまったりすることになります。

　鉄棒を太腿の付け根付近に保ったまま勢いよく後方支持回転ができるよ

うになったら、今度は最終的に支持姿勢で終わるのではなく、鉄棒の下に下りる練習をします。先ほど、支持姿勢を通り越して鉄棒から下りてしまうくらいの勢いで、と述べましたが、今度は意図的に下りるのです。最初は支持姿勢になった直後に、あるいは支持姿勢になる直前に、肘をできるだけ伸ばしたまま、脇を開いて(肩関節を屈曲させて)、鉄棒から下ります。徐々に脇を開くタイミングを早くしていき、鉄棒が身体にまったく触れないように鉄棒から下りる練習をします。そのためには回転の終盤に脇を大きく開くことが必要です。そ

の際、鉄棒を握る手の手首は掌屈して(手のひら側に曲げて)、指先で鉄棒を引っ張るように鉄棒を身体から離していきます(右の写真)。これを、体操競技の指導現場では「鉄棒を引く」と表現しています。肩が鉄棒の高さよりもやや上に上がったら、今度は手首を背屈して(「手首を返す」といいます)鉄棒を押して下ります。

ところで、図5-7は膝を伸ばした後方支持回転、ともえ(後方浮き支持回転)、そして次の項で紹介するほん転倒立(後方浮き支持回転倒立)を実施したときの、肩関節(上段)と股関節(下段)で発揮されたトルクの変化を示したものです。脚を振り込んで回転を始める際には、肩関節伸展(脇を閉じる)トルクと股関節屈曲(股関節を曲げる)トルク

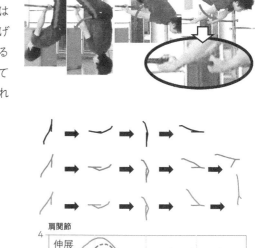

図5-7　膝を伸ばした後方支持回転、ともえ、ほん転倒立実施時の肩関節(上段)、股関節(下段)で発揮されたトルクの変化
[土屋、未発表資料]

が発揮されます。これが、肩が鉄棒の真上から120度ほど回転したあたりから股関節では伸展トルクが発揮され、肩が鉄棒の真下に近づき、脚が鉄棒の真上(肩の回転角度が180度)に近づくあたりからは、肩関節屈曲(脇を開く)トルクが発揮されます。こうしたトルクの値は、屈曲方向についても伸展方向についても、後方支持回転より、ともえやほん転倒立のほうがはるかに大きな値です。ともえやほん転倒立では、回転の後半には股関節を伸展させ(腰を伸ばし)、肩関節を屈曲させる(脇を開く)ことが大切であることがおわかりいただけると思います。

　回転の中盤以降に「鉄棒を引き」、肩関節を屈曲させて脇を開くタイミングを少しずつ早めていき、さらに手首を背屈して脇を開いた浮き支持姿勢になることができれば、ともえの完成です。

連続ともえ

　鉄棒の上に浮き支持姿勢になるともえ(後方浮き支持回転)ができるようになったら、その姿勢から再度ともえを行う連続ともえに挑戦してください。連続して行えるようになるためには、ともえの最終姿勢で手首を背屈させて鉄棒の上に浮き支持になることができ、そのときの肩の位置が鉄棒よりもやや前方にあることが必要です。回転の勢いがありすぎて肩が鉄棒の真上を通過してしまうと、2回目のともえを開始する準備ができません。

ほん転倒立

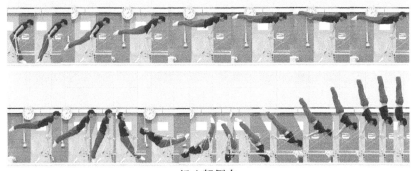

ほん転倒立

　後方浮き支持回転(ともえ)をさらに発展させ、最終的な姿勢を倒立にし

た技が、後方浮き支持回転倒立、すなわちほん転倒立です。ともえの練習を発展させ、ともえの最終的な浮き支持姿勢で足先が徐々により高い位置になるように練習していきます。すでにともえの項でもふれましたが、後方支持回転に比べ支持振動での脚の振りをより大きく行い、脚の振り込みを高い位置から行う、股関節をやや曲げて脚の振り込みのスピードをより速くする、素早い脚の振り込みにあわせて肩もより速く回す、背中を丸める、そして回転の終盤で股関節の伸展と肩関節の屈曲（脇の開き）をより強くする、ということが必要です。こうした動きを実施しようとすると、素手で鉄棒を握っていては手が鉄棒から離れてしまいかねません。ですからこの技の練習は、129ページで紹介しているメビウスを使って行ってください。また、最終的な浮き支持姿勢のときの足先をどのくらいの高さにするのかを常に意識し、できれば自分がイメージした高さになっているかどうか、動画を撮って確認しながら練習してください。頭の中のイメージと、自分の身体の実際の動作を一致させることはなかなか難しいのですが、イメージと実際のずれを理解すること、そのずれを少なくしようと意識することは、あらゆる練習においてとても大切です。

懸垂振動技：後ろ振り上がり・大車輪

回転速度を上げていくための力の入れ方・タイミング

　一般に大車輪といわれる技は、正式には単に「車輪」と呼び、お腹側に回転する車輪を後方車輪、背中側に回転する車輪を前方車輪といいます。後方車輪は通常鉄棒を順手で握って実施するので順手車輪、前方車輪は通常逆手握りで実施するので逆手車輪とも呼ばれます。ここでは後方車輪の練習について述べていくことにします。

ほん転は漢字で書くと「翻転」となります。「翻」は、ひるがえるという意味です。英語で、ともえはFree hip circle、ほん転倒立はFree hip circle to handstandといいます。

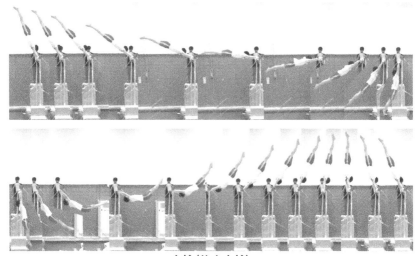

車輪（後方車輪）

　図5-8は後方車輪実施時の身体重心の軌跡および肩関節・股関節で発揮されるトルクの変化を示しています（Tsuchiyaら、2004）。後方車輪を実施したときの身体重心の軌跡（左図のグレーの線）はほぼ円（図の点線）を描きますが、倒立から振り下ろして鉄棒にぶら下がる間はやや膨らみます。右図から読み取れるように、後方車輪の回転の勢いを生み出すのは、身体が鉄棒の真下から上方に回転する際の股関節屈曲トルクと肩関節伸展

後方車輪実施時の身体重心の軌跡

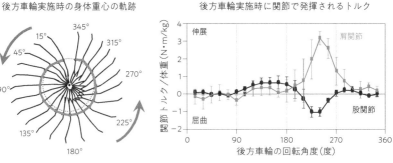
後方車輪実施時に関節で発揮されるトルク

図5-8　後方車輪実施時の身体重心の軌跡および肩関節・股関節で発揮されるトルクの変化

[Tsuchiya, J., Murata, K., Fukunaga, T.: International Journal of Sport and Health Science, 2: 211-221（2004）より一部改変]

トルクです。股関節屈曲トルクは「あふり」といわれる両足先を前方に蹴り込むような動き、肩関節伸展トルクは脇を閉じる動きの際に発揮されますから、体操競技の指導現場では、このあふりと脇の閉じをタイミングよく強く行うことが強調されます。

それでは後方車輪の練習過程について紹介していきましょう。後方車輪の練習は、129ページで紹介しているメビウスを必ず使って行ってください。

懸垂姿勢での「含み」「反り」

先ほど述べたように、後方車輪では回転の最中にあふりと脇の閉じをタイミングよく強く行うことが大切ですが、この動きでは脇をやや閉じ（肩関節を伸展させ）、背中と腰が曲がった（股関節を屈曲させた）姿勢になります。この姿勢を「含み」と呼ぶことにしましょう（図5-9）。

「含み」をより行いやすくするためには、その逆の姿勢、すなわち脇が十分に開いて（肩関節が屈曲され）腰も反った（股関節が伸展された）姿勢になることが必要です。こちらの姿勢を「反り」と呼ぶことにします。後方車輪では、この「含み」と「反り」をタイミングよく行うことがとても大切です。先ほどの図5-8を見ても、このことはおわかりいただけると思います。実は後方車輪、あるいは鉄棒に限らず体操競技で行われる技のほとんどはこの「含み」と「反り」の動作から成り立っていて、上手に行うためにはそのタイミングと程度を身につける必要があるのです。

さて、まずはこの「含み」と「反り」を、鉄棒に懸垂し、身体をまった

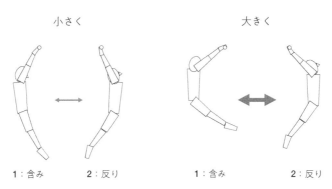

図5-9　懸垂姿勢における「含み」と「反り」

く振らない(振動させない)状態で練習します。「含み」のときに「1」、「反り」のときに「2」と声をかけたり自分で意識したりしてください。最初のうちは、「1」のときには背中を丸め身体全体がややお腹側に湾曲した「含み」の姿勢、「2」のときにはそれとは逆に身体全体がやや反った「反り」の姿勢で結構です。補助者に胸からお腹のあたりを下の写真のように補助してもらうとやりやすいでしょう。次第にその「含み」と「反り」の程度を大きくしていきます。「1」では脇を閉じ、足先を蹴り上げるようにし、「2」では大きく反るようにします。

「含み」「反り」の発展形

　後方車輪の練習に入る前に、この「含み」「反り」を発展させた技を二つ紹介します。

　最初は反動上がりです。これは、「含み」「反り」の程度を大きくしていき、「含み」の際に肩関節の伸展(脇の閉じ)を大きくして、つづく「反り」を大きく行い、そこから一気に肩関節を伸展させて鉄棒上に支持する技です。この肩関節伸展の動きはけ上がりのときの動きと同じですから、け上がりの練習にもなります。最初は脚を持って補助してもらうとよいでしょう。

反動上がり

　もう一つは反動振り出しです。これは、「含み」「反り」の反動を利用して懸垂振動を生み出す技です。図5−10のように、鉄棒に懸垂した姿勢から、脚を大きく前に持ち上げて、腰が大きく曲がった「含み」の姿勢をとります。このとき肩を後方に少し引きます。上げた脚を勢いよく下方に振

図5-10　反動振り出しにおける体の動かし方

り下ろすと同時に肩を前方に出すように脇を大きく開けて、大きな「反り」の姿勢をし、その後再び「含み」の姿勢をとります。「含み」「反り」の練習はこれを交互に繰り返すわけですが、反動振り出しでは「含み」の姿勢の後、さらに脚を鉄棒に近づけて、103ページで紹介した「振り出し」と同様、脚を鉄棒の前上方に投げ出すように動かします。このとき、肩を鉄棒前方のできるだけ高い位置にするよう、脇を上方向に持ち上げるように肩関節を屈曲させます。これで反動振り出しは完成です。

　これによって、鉄棒に懸垂した静止姿勢から振動をつくり出すことができます。現在多くの体操選手が鉄棒の演技のはじめにこれを実施していることをご存じの方も多いでしょう。反動振り出しから振れ戻り、身体が鉄棒の真下を過ぎてから先ほどの反動上がりのように肩を強く伸展させれば、後ろ振り上がりという技になります。

懸垂振動での「含み」「反り」

　さて、後方車輪の練習に戻りましょう。振動なしで「含み」「反り」が十分にできるようになったら、次は振動しながら同じように「1：含み」「2：反り」を行います。振動の幅が小さいときは「含み」「反り」の程度は小さく、振動の幅が大きくなったら「含み」「反り」の程度も大きくします。この振動時の「含み」「反り」のタイミングは、次のとおりです。身体が背中側にもっとも振れたときに「1：含み」、身体が鉄棒の真下にぶら下がるやや前から「2：反り」、身体が鉄棒の前に振れたときに再び「1：含み」です。このときの「1」、「2」の姿勢は、振動なしで練習したときの「1」、「2」の姿勢と同じです。身体が背中側にもっとも振れたときの「1」では、足先を後ろに振るのではなく、背中を上に持ち上げるようにしてください。ここからは身体が鉄棒の真下から前に振れるときの

「1：含み」を「3：あふり」と
呼びましょう（図5-11）。つい
でに、振動時の「1」の「含み」
は「構え（あるいは押し）」、「2」
の「反り」は「ぬき」と言い換
えてもよいでしょう。この「構
え（あるいは押し）」「ぬき」「あ
ふり」という用語は、体操競技
ではよく使われており、これら

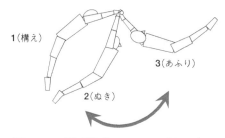

図5-11　懸垂振動における「含み」と
「反り」＝「構え」「ぬき」「あふり」

を実施するタイミングを変化せることによってさまざまな技が実施されて
います。

　振動の振れ幅が小さいうちは、「1：構え」と「2：ぬき」の間隔は短く
したほうがやりやすいのですが、振動が大きくなってきたら、「1：構え」
の時間を少し長くとる必要があります。大きな振動でよく見られる失敗
は、「1：構え」の時間が短かすぎて、すぐに「2：ぬき」となってしまう
ことです（図5-12左）。これは物理的には、身体が前に振れる際に下半身
が元の位置にとどまろうとする慣性によって引き起こされる現象です。ぬ
きが早く行われてしまうと、次のあふりも早く始まってしまい、身体が上
昇する勢いを得ることが難しくなります。ですから「1」の構えはしっか

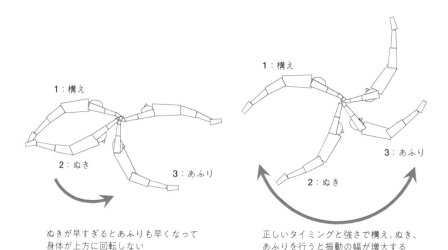

ぬきが早すぎるとあふりも早くなって
身体が上方に回転しない

正しいタイミングと強さで構え、ぬき、
あふりを行うと振動の幅が増大する

図5-12　「構え」「ぬき」「あふり」による懸垂振動幅の増大

りと行って、1・2・3が等間隔のリズムで行われるようにしてください。決して12・3のリズム（1と2の間隔が短い）ではありません。「3：あふり」は、「2：ぬき」のときに自分の目の高さで前方にあるボールをイメージし、それを両足で強く蹴るように行ってください。

　「3：あふり」の姿勢は、股関節が屈曲しているのに加えて、肩関節がやや伸展している（脇がやや閉じている）ことが大切です。股関節や肩関節は屈曲や伸展をずっとつづけるのではなく、図5─12右の「3」の姿勢でキープするように身体に力を入れてください。その姿勢のまま振動の最高点に達したら、振れ戻りの際にはまた「2：反り」の姿勢を鉄棒の真下でつくるようにします。さらに背中側に振れ戻って最高点に達したら、背中を含んで持ち上げるようにして、「1：構え」の姿勢をつくります。

　「構え」「ぬき」「あふり」がタイミングよく、力強く行われていれば、振動の幅はどんどん大きくなっていきます。無理をする必要はありません。振動がどんどん大きくなって、「3：あふり」の姿勢で身体が鉄棒の真上に近づくようになっても、「3：あふり」の姿勢をしっかりキープするように、やや含んだ姿勢で身体に力を入れておくこと、特に脇が閉じてしまわないように力を入れ、鉄棒を下に押さえることを忘れないでください。身体が鉄棒の真上を通過しそうなくらいに振動が大きくなったら、補助をしてもらいましょう（下の写真）。実施者が鉄棒の真上を通過しそうになったら、補助者が両手でお腹と背中をはさむように実施者を支えてあげるのです。決して無理に鉄棒の上を通過させようとしてはいけません。あくまでも実施者のあふりによって回転の勢いがついて、車輪になることが大切です。

選手の演技中に技の実施を補助者（コーチ）が身体を触って助けてしまうと、その技は実施したことにならないうえに1.0の減点がなされます。

メビウスなしでの懸垂振動の基本：手首の固定

　車輪の練習は手が鉄棒から離れないようにメビウスを使って行っていただくことが必要ですが、ここではメビウスを使わないで鉄棒で懸垂振動するときに注意しなければならないことにふれておきます。

　メビウスを使わないで鉄棒で懸垂振動をするときにも、「1：構え」「2：ぬき」「3：あふり」は同じように行いますが、身体が前に振れていくときに「手首を固定する」ということを覚えておいてください（図5−13左）。手首を固定するとは、身体が前に振られても、手の握りを滑らさずにできるだけ掌屈位を保つことです。右手首が固定されず、身体と一緒に手の握りが図5−13右のように浅くなっていくと、背中側に振れ戻る際に手が離れてしまいます。また、「1：構え」のときに手をしっかりと深く握り直すことも忘れないでください。

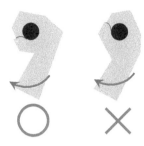

図5−13　メビウスを使用しない懸垂振動における手首の固定

128

　鉄棒の練習が嫌われることの一つに、手のひらの皮がめくれたりマメがつぶれたりして痛い思いをすることがあげられます。体操選手の場合はそれを繰り返して分厚い皮の手のひらになっていきますが、それでもマメがむけていやな思いをすることは一般の方と同じです。選手は日本ではプロテクターといわれる革製の用具（ハンドグリップ）を手に着けて練習をします（もちろん試合でも使用します）が、一般の方には必要ないでしょう。ここではプロテクターの代わりになるものや、手の皮を保護しながら練習できる二つの方法をお教えします。

　まずはテーピング用テープを用いてプロテクターの代用品を作って使う方法です。右の写真を参考に、ご自身の手のひらの大きさや、痛いマメの部位にあわせて作ってみてください。

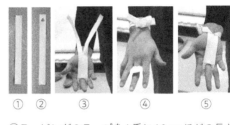

① 　②　　③　　　④　　　　⑤

①テーピングのテープを4重に40 cmほどの長さで貼り合わせます。

②その一方の先に指が入る穴を開けます。

③開けた穴に指を入れて、手のひらの付け根の長さまで切り込みを入れ、紐状にします。

④切った紐を手首で縛ります。

⑤完成。

　もう一つは、軍手と手芸用の丈夫なカラーベルトを使う方法です。カラーベルトをメビウスの輪のようにしっかりと縫い合わせます（右下の写真）。ベルトの長さは手首の太さによって変わりますが、成人男性の場合、円周が68 cmほどでしょう。両手に軍手を二重に着けて、このメビウスを次ページの写真のように使います。鉄棒が錆びていては手が滑らず危険ですから、軍手をはめ、メビウスを着けた状態でよく滑ることを確認してください。このメビウスを使っての練習は、手が鉄棒から離れてしまう心配がありませんから、手のマメが痛いときに限らず、さまざまな技の練習の際に利用してください。体操選手の育成にも頻繁に用いられる方法です。

滑り止めのために使われる炭酸マグネシウム（化学式は$MgCO_3$）は便秘薬や食品添加物としても使用されており、通常の使用の範囲では、人の体に害のない化学物質です。

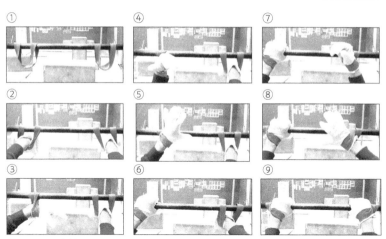

①メビウスを鉄棒にかける。

②両手をメビウスの輪に通す。

③〜⑥手を内側に回し、メビウスをねじって鉄棒を握る。

⑦〜⑧反対の手も同じく内側に回してメビウスをねじって鉄棒を握る。

⑨完成。

　また、一般の方は手の皮がめくれて痛い思いをすることがないように、テーピングのテープを手のひらに巻いて鉄棒の練習をすることがあるかと思いますが、体操選手は手のひらにテープを巻いて練習するということはほとんどありません。テーピングのテープはメーカーによって接着剤の強度が微妙に異なります。自分にあったものを探してください。

　なお、体操選手がさまざまな種目の演技の前、あるいは練習中に手につけている白い粉は、炭酸マグネシウムです。これは滑り止めのために使われます。日本ではきめの細かな粉末の炭酸マグネシウムが一般的ですが、海外ではこれを固めてブロック状にしたもののほうがよく使われています。黒板に字を書くときに使うチョークや、グランドに白線を描くときに使われるラインパウダーは炭酸カルシウムが多いようですが、これとはまったくの別物です。

第6章

跳び箱（跳馬）の
基本技の科学
開脚とびから
転回とびまで

跳び箱技の基本構成

　跳び箱は小学校の体育から教材として用いられている器具ですから、ご存じない方はいらっしゃらないでしょう。小学校の学習指導要領で最初に紹介されている技は「開脚とび」と「台上前転」です。図6-1のように跳び箱の技は、助走から跳躍板（踏み切り板、ロイター板）を踏み切り、跳び箱上に手を着いて、跳び箱を跳び越し、着地に至る過程をたどります。跳躍板を踏み切ってから跳び箱に手を着く（着手する）までと、跳び箱に手を着いて着地するまでの2回、身体が空中に跳び出しますので、これらをそれぞれ第1空中局面、第2空中局面といいます（金子、1987）。

助走局面　　　　　　第1空中局面　　　　　　　第2空中局面
　　　踏切局面　　　　　　　　　着手局面　　　　　　　　着地局面

図6-1　跳び箱における助走から着地までの一連の過程

131

開脚とびは、この第1空中局面と第2空中局面で身体の回転の方向が異なります（図6-1の赤い矢印）。第1空中局面では身体は前方に回転し、第2空中局面では身体は後方に回転するのです。このように回転の方向が変わるのは着手局面の動作によるものであり、着手局面で身体の回転の方向を「切り返す」ことになります。こうした技を「切り返し系」の技と呼びます。切り返し系の技には開脚とびのほかに、閉脚とびや屈身とび、伸身とびがあります。

　切り返し系の技は、第1空中局面での身体の回転の度合いによってⅠ型とⅡ型に分けられます。図6-2のように、着手の瞬間に、足が肩の高さまで上がらない程度の身体の回転が第1空中局面で見られる跳び方をⅠ型、これとは対照的に、

Ⅰ型開脚とび　　　　Ⅱ型開脚とび

図6-2　切り返し系の技におけるⅠ型とⅡ型

脚が肩の高さ以上に振り上がるほど身体が回転する跳び方をⅡ型といいます。Ⅱ型はⅠ型に比べて着手局面で身体の回転を逆方向に切り返す程度が大きくなりますから、例えば開脚とびで跳んだとしても、Ⅰ型で跳ぶよりもⅡ型で跳んだほうが評価は高くなります。

開脚とび

　開脚とびの練習として、二人組で行う馬跳びや、小学校の校庭に埋め込んであるタイヤを跳ぶといった練習がよく行われます。これは手で跳び箱を押して身体を跳び箱の前に送り出すという意味では必要な練習なのですが、注意しなければならないことがあります。それは、馬跳びやタイヤ跳びはⅠ型の跳び方であるということです。

　次の写真は馬跳びをしている様子ですが、ご覧いただければおわかりのように、跳ぶ側の人は下で馬をつくる人の背中に手を着いた後、開脚した脚の間から脇を閉じるようにして馬の背中を押し、身体を前に送り出しています。こうした脇を閉じる動作は「手を掻く」ともいわれますが、肩関節の伸展動作が行われているわけです。

　助走がほとんどない馬跳びのときにはこれでよいのですが、体育の授業で体育館におかれた跳び箱を、開脚とびで跳ぶときのことを想像してみてください。おそらく教師は、高い跳び箱は落下したときに危険だからと、やや低めの跳び箱を用意するでしょう。元気のよい小学生が、勢いよく走って助走し、踏み切り板を踏み切ります。助走と踏み切りの勢いで、Ⅱ型とまではいかなくても、お尻が肩の高さくらいに持ち上がるかもしれません。そのとき、この馬跳びと同じように「手を掻く」と、どんな結果が予想されるでしょうか。

　そうです。跳び箱への着手時に身体の回転をうまく切り返すことができずに、頭や肩から落ちてしまう可能性が高いことがおわかりいただけると思います。つまり、「手を掻く」ような着手の仕方は、馬跳びやタイヤ跳びのように、助走の勢いがなく、また第１空中局面の身体の前方への回転が小さい場合には有効なのですが、速い助走をして跳ぶようになったら、そうした手の着き方ではいけない、ということなのです。

　ではどのように手を着くべきなのか、ということになりますが、その答えはこれから紹介する「突き手」といわれる手の着き方です。この技術は、「手を掻く」のとは正反対に、手を跳び箱に着く際、腕にしっかりと力を入れ、肩関節の屈曲、つまり脇を開くようにして跳び箱を突き放すというものです。この「突き手」を比較的簡単に練習する方法として、ゆかの上で開脚とびを行うことをお勧めします（下の写真）。自分が立っているゆかに着手をするわけですから、着手時にはお尻が必然的に高くなります。その際に「手を掻く」ような動きをしてしまうと、顔からゆかに落ちてしまいますから、自然に脇を開く、つまり肩関節の屈曲を行うように力を入れるはずです。

前ページの写真では手がゆかから離れた後に脇を閉じている様子が見て取れますが、これは積極的に脇を閉じているのではなく、身体が着手場所を越えていくので結果としてそうなっていると理解していただきたいと思います。この練習に慣れてきたら、より足を上に上げて着手し、Ⅱ型に近づけていってください（下の写真）。

　こうした肩関節を屈曲させる（脇を開く）ように力を発揮して跳び箱を突き放す「突き手」技術は、切り返し系の技のⅡ型の実現において不可欠であるだけではなく、後で紹介する回転系の技の実施の際にもとても重要です。しかしながら、この「突き手」技術が学校体育で教えられることはほとんどないと思います。私の授業を履修している学生に聞いても、「手を掻く」以外の着手の仕方を学校体育で教えてもらったという学生は、何十年も授業をしている間に１人もいませんから。

　図6-3はⅠ型とⅡ型の開脚とびを跳んだ際の、第１空中局面での大転子の動きと着手局面での肩の動きを比較したものです。着手局面では、Ⅰ型とは異なりⅡ型は肩が上方に動いていることがおわかりいただけると思います。第１空中局面では、Ⅱ型はⅠ型に比べて脚を上方に振り上げる、つまり身体の前方回転を大きくする必要があります。その空間を獲得するためにより上方へ跳び上がっていることも図6-3左からおわかりいただけると思います。

踏切から着手までの大転子の軌跡　　　着手から離手までの肩の軌跡
（着手時点の肩の位置をあわせてある）

図6-3　Ⅰ型とⅡ型の開脚とびにおける（左）大転子と（右）肩の動きの比較
黄がⅠ型、赤がⅡ型。

　先に紹介したゆかの上で開脚とびを行う練習は、跳び箱で開脚とびを行うよりも脚を開くという動作が容易に実施できますし、「突き手」の練習にもなります。ぜひこの練習に取り組んでいただきたいと思います。

　なお、開脚とびでは膝を曲げることはありませんから、多くの場合は屈身開脚とびです。下の写真は、上がⅠ型の、下がⅡ型の屈身開脚とびです。

Ⅰ型の屈身開脚とび

Ⅱ型の屈身開脚とび

閉脚とび

　閉脚とびは、厳密にはかかえ込み閉脚とびと屈身閉脚とびがあります。どちらにしても跳び箱の上に着手した両手の間の空間に閉じた両脚を通す技ですが、写真をご覧になるとおわかりのように、Ⅰ型でもⅡ型でも、脚が両腕の間を通るのは手が跳び箱から離れるのと同時か離れた後です。ですから、開脚とび以上に「突き手」が重要です。「突き手」によって肩を上方に動かすことができれば、それだけ両肩と跳び箱の距離が長くなって、脚を通す空間が大きくなるのです。

Ⅰ型のかかえ込み閉脚とび

Ⅱ型のかかえ込み閉脚とび

跳馬は男女で共通の器具を使用しているものの、高さは男子で135cm、女子で125cmと違います。器具の前に置くロイター板の前後位置は選手によって変えることができます。

この技の練習としては、手を着いた後に跳び箱上にしゃがみ立ちをする、というのが有効です。その際には「突き手」を意識して、肩をできるだけ上に突き上げるようにしてしゃがみ立ちをするとよいでしょう。もちろんゆか上での練習にも取り組んでください。

台上前転

台上前転

　開脚とびや閉脚とびはすでにご説明したとおり、第1空中局面と第2空中局面での身体の回転方向が切り替わるので「切り返し系」の技と呼ばれます。一方で、身体の回転方向が踏み切りからずっと同じ方向に回転して着地に至る技は「回転系」の技と呼ばれます。回転系の代表的な技が、台上前転や前転とび、あるいは側転とびです。

　台上前転は小学校の学習指導要領では小学校3、4年生の授業で取り扱うべき技として例示されています。この技を実施するには、もちろんマット上での前転ができることが必要です。練習としては、まず跳び箱の1段目だけを置いてその上で前転を行います。跳び箱に両手を着き、しっかりと身体を支えて前転することを意識してください。そこから徐々に跳び箱の段を増やしていって、同様に前転を行うという方法をとります。跳び箱の段数が2段、3段と増えていくにしたがって身体を台上に持ち上げる高さが増加していきますから、踏み切りの力も大きくすることが必要になります。

前転とび

　前転とび(前方倒立回転とび、転回とび)は学校体育の跳び箱の回転系では側転とびと並んでもっとも難しいとされる技ですが、競技においては跳馬の基本的な技です。文部科学省の学習指導要領や、学校体育実技指導資料第10集「器械運動指導の手引」では、台上前転に続いて首はねとび、頭はねとび、そして屈腕倒立回転とびの順に習得し、前転とびを習得するように例示されています。

首はねとび

頭はねとび

屈腕倒立回転とび

前転とび

跳馬では跳躍前に実施する技を知らせておくルールがあります(実際の演技が違っても減点無し)。また、着地エリアにある2本の線の間に着地しないと減点になります。

　首はねとびや頭はねとびは、マット上での首はね起きや頭はね起きと同じ動作を行うことによって跳び箱上から身体を伸ばして着地に至る技です。「器械運動指導の手引」では、台上前転からこうした技を段階的に習得していくことによって前転とびにたどり着きます。このように最終的に

習得を目指す技に通じる技を難易度の低い順に並べ、習得すべき技として設定しておくことは、児童生徒のモチベーションを維持していくうえでも大切なことだと思います。

　しかしながら、この前転とびが基本技として位置づけられている体操競技選手育成の現場では、前転とびはこうした学習指導要領に見られる手順を踏んで指導されているわけではありません。具体的には、踏み切ってから着手までの間に脚を振り上げ、着手時に倒立になることを練習します。通常は着地側に跳び箱や跳馬と同じ高さにマットを積んでおき、倒立からそのマットに倒れるようにするのです。これができるようになったら着地面のマットの高さを低くして、足で着地するようにすれば、前転とびとなります。

第**7**章

その他の
男子競技種目の
基本技の科学

あん馬・つり輪・平行棒

あん馬

あん馬は、長さ1.6 m、上面の幅35 cmで、革張りの器具です。着地面からの高さは105 cmと規定されています。その名称からもおわかりのように、この器具のルーツは跳馬と同じく「馬」です。あん馬は漢字で「鞍馬」と書きますが、まさに「鞍(くら)」の名残から、馬体の中央付近に二つの把手(ポメル)が設置されています。あん馬では、旋回技と交差技が実施されます。

©wasedasports.com

旋回技

旋回技には、両足をそろえて回る両足旋回と、脚を開いて回る開脚旋回があります。両足旋回は1900年代の初め頃から行われてきたようですが、

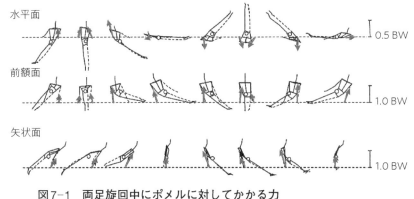

水平面

前額面

矢状面

0.5 BW

1.0 BW

1.0 BW

図7-1　両足旋回中にポメルに対してかかる力
[Fujiwara, T. et al.: Sports Biomech., 8: 22-38（2009）より一部改変]

　開脚旋回はアメリカのカート・トーマス選手によって1970年代にはじめて発表されました。そのため、開脚旋回は「トーマスフレアー」とも呼ばれ、今ではブレイクダンスでもポピュラーな技として知られています。

　両足旋回は、腕で身体を支え、胴体から脚が円錐の側面を描くように回転させる運動です。この円錐の側面がより水平に近い（円錐の頂角が180度に近い）旋回ほど、大きさのある旋回として高い評価を得ることになります。開脚旋回ではこの運動を開脚姿勢で行います。こうした身体を腕で支えて水平面に近い運動面上で回すという動作は、他のスポーツでも、また体操競技の他の種目でも見られない特殊な動作といえるでしょう。

　Fujiharaら（2009）は、両足旋回中にポメルに対してかかる力を測定しています（図7　1）。その研究により、ポメルから身体を支える腕に加わる力のベクトル（図の赤い矢印）の方向は腕の傾きによく一致し、選手が身体を支える腕を支柱のように使いながらポメルに力を加えていることが明らかになっています。またその力の大きさは体重の1.3倍ほどに達していますから、選手にはこうした力に耐えるだけの能力が要求されます。

両足旋回の練習方法

　ここでは両足旋回の練習方法の一例を紹介します。上で述べたように水平に近い運動面上で身体を回すという動作は日常的にありませんし、他のスポーツでもほとんど行われていませんから、まずこの動作を行う感覚を養います。具体的には、単に床面で両足旋回に似たことを行うのです。と

はいっても足を床から浮かせていきなり旋回ができる人はまずいませんから、足をゆかに着いて、できるだけ両脚をそろえたまま、足で円を描くように歩きます（下の写真）。これを「歩き旋回」とでも名付けておきましょう。

「歩き旋回」は腕立て伏せの姿勢から始めますが、この姿勢を正面支持姿勢といいます。足を進める方向は時計回りでも、反時計回りでもかまいません。自分がやりやすい方向を決めてください。このとき、お尻が上に突き出るような姿勢ではなく（右の写真上）、肩から足までがまっすぐになるようにしてください（右の写真下）。また、顔は常に同じ方向を向いているようにして、足先と一緒に顔や身体の向きが変わることのないようにします。さらに、できるだけ足先が大きな円を描くようにします。多くの人にとってはまったくはじめての動きですから、よく見られるのは下の写真に示したような、腰が曲がって足先が小さな円を描く、というものです。これでは大きさのある両足旋回はできません。

×

○

先に紹介した図7−1をご覧いただけば、身体を支える腕は手を着いた位置から垂直に伸びているのではなく、斜めになり、身体がその腕に寄りかかるようになっていることがおわかりになると思います。旋回というとどうしても足先を回すことを考えてしまいますが、足先で大きな円を描く際に身体のバランスをとるためには、上半身、特に身体を支える腕側の肩を、脚とは反対の方向に倒すことが必要です。つまり、脚を回すために「肩を回す」ことが大切な技術です。こうした両足旋回の運動は、スリコギの運動（図7−2、物理的には歳差運動といいます）に似ている、といえばおわかりいただけるでしょうか。腕に寄りかかるようにして、腕や肩の力を使って身体を支持することを意識してください。

図7−2　スリコギの運動（歳差運動）

　また、両手を常にゆかに着いていては足先は円を描けませんから、身体が片方の腕のすぐ後ろまで来たら、その腕側の手をゆかから離して身体を通過させ、一度片手で身体を支え、脚が身体の側面を通過した直後に再びゆかに手を着きます。このとき背中側で両腕が身体を支える姿勢になりますが、これを背面支持姿勢と呼びます。正面支持姿勢でスタートし、足先で歩いて背面支持姿勢になるまでの間に、お腹の向きは下（ゆか）向きから上（天井や空）向きに変化します。つまり、身体をねじって下向き姿勢から上向き姿勢になる必要があるのですが、下向き姿勢から上向き姿勢になるように身体をねじるタイミングは、まさに片手をゆかから離して身体を通過させるときです（下の写真）。この動作を旋回の「入れ」といいますが、「入れ」で大切なことは、お腹を上に向けること、足先が身体に先行するのではなく、ゆかから離した手とは反対側の腰を足よりも先行させることです。さらに、足先の方向とは反対側の肩を倒して支持することも忘れないでください。

　「入れ」から背面支持になり足先で歩いていくと、今度は「入れ」の際に身体を支えた腕とは反対側の腕の前に身体が来ますから、その手をゆかから離して身体を通過させ、再び両腕支持に戻ります。この動作を「ぬき」といいます。この「ぬき」では、足先から抜く（足先が先行する）ようにすることと、抜きを行ったらできるだけ早くお腹を下に向けることを意識してください。こうして再び正面支持に戻りますが、正面支持から上記の動作を再び行うように連続して、何回も回る練習を行って下さい。「歩き旋回」の練習で大事なポイントを要約すると、顔は常に同じ方向を向く、身体はできるだけまっすぐの姿勢からスタートする、足先はできるだけ遠くを歩く、肩は足先とは逆方向に倒す、「入れ」は腰から、「ぬき」は足先から、ということになります。これらはあん馬で行う両足旋回の大切なポイントでもあります。

　「歩き旋回」の練習で両脚旋回のポイントを理解し、上手に行えるようになったら、体操競技の指導現場では、次に「円馬」といわれる特殊な器具を使って練習を行います。円馬とは右の写真に示したキノコのような形をした器具ですが、身体を円錐の表面を描くように動かす旋回の練習では欠かせないものです。

　次の写真では円馬は直接ゆかの上に置かれていますが、手を着く位置よりも足先の位置が低い方が旋回を行いやすいので、はじめは円馬の下に台をつけて、ある程度の高さがある円馬を使います。円馬での練習のポイントは歩き旋回と同じですが、今度は足先はゆかを歩くのではなく浮かせています。いよいよ腕だけで身体を支えて旋回を回すことになるのです。円馬でも、まず跳び上がって正面支持の姿勢を一瞬つくり、足先を回します。いきなり足先を回すことは難しいので、円馬に跳びつく際に写真のように脚を開いた姿勢から脚をそろえる動きを行って足先を回す勢いを得るとよいでしょう。

　ここでも「入れ」は腰からです。最初のうちは「入れ」ようと思ってもうまくいかないでしょうし、もし「入れ」ができたとしてもその後、腕だけで身体を支えて背面支持になることは難しいでしょう。よくある失敗は、足を入れる際、入れる側と反対の肩に十分体重が乗らずに、入れる側に身体全体が落ちてしまうことや、逆に片腕に寄りかかりすぎて腰やお尻が円馬に乗ってしまうことです（下の写真および次ページ上の写真）。腕でしっかりと身体を支え、できるだけ円馬に身体が触れないように脚を回せるように練習してください。

　体操選手はこうした運動を毎日積み重ね、円馬での旋回がうまくできるようになってから、ポメルの付いたあん馬で旋回を行う練習をします。また、あん馬での旋回は両手が左右のポメルを握る旋回だけではなく、一つのポメルを両手で握る旋回や、あん馬のさまざまな部分であらゆる方向を向いて回す旋回が求められます。旋回は短時間ですぐにできるようになる技ではありませんから、コツコツと練習をつづけていくことが必要です。

　開脚旋回は下の写真のようにできるだけ両脚を開脚して旋回を行う技です。

交差技

交差技は、あん馬において旋回以外の唯一の技ですが、両脚を開いてあん馬の馬体を挟むようにしながら片方の脚を高く上げる、あるいは近年ではそのまま倒立に至る技です。少し古い研究ですが、Markolf ら（1990）は、あん馬のポメルに加わる力を旋回技と交差技で測定しています。その研究によれば、両足旋回の実施時にポメルに対して加わる力の最大値は、体重（BW）の1.00〜1.50倍、交差技実施時には体重の1.05〜2.00倍に達するとされています。このように力が瞬時に手関節に加わることから、体操選手の手関節痛が引き起こされているとも考察しています。

つり輪

つり輪は、着地面から5.8 mの高さから、50 cmの間隔をあけて3.0 mのケーブルに吊り下げられた二つの輪からなる器具です。着地面から輪までの高さは2.8 mということになります。つり輪では、大きく分けて振動技と力技が実施されます。

©wasedasports.com

振動技

つり輪の振動技とは、主として二つの輪を握って懸垂した姿勢で身体を前後に振って行う技の総称です。鉄棒や平行棒などとは異なり、手で握った器具（輪）が固定されていませんから、身体の振動にあわせて輪を動かすことが必要になります。これがつり輪の振動技を実施するときに難しい点です。輪を前に動かすのか、横に動かすのか、後ろに動かすのかは、技によって異なるのです。例えば、鉄棒と同じ名称の後方車輪という振動技があります。これは鉄棒の後方車輪と同じように、倒立から身体を伸ばしたままお腹側に1回転して再び倒立になる技です。倒立からの振り下ろし時には輪を前、あるいは前方やや横に押すようにするのですが、このときにケーブルがたるんでしま

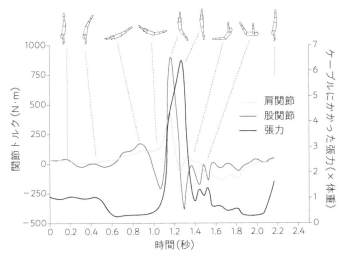

図7-3　後方車輪実施時の肩関節と股関節で発揮されるトルクおよびケーブルにかかった張力の変化

[Sprigings E.J. et al.: J. Appl. Biomech., 16: 289-300(2000)より一部改変]

うと身体は回転というよりも落下してしまい、再び倒立になるために上昇していくことができなくなってしまいます。

　図7-3は、この後方車輪を実施した際に肩関節と股関節で発揮されたトルクと、ケーブルにかかった張力を測定した結果です（Sprigingsら、2000）。これを見ると、選手の身体が輪の真下に懸垂した際、ケーブルには体重の6.5倍の張力がかかっていること、またその直前に、肩関節の伸展（脇を閉じる）トルク、股関節の屈曲トルクが発揮されていることがわかります。それぞれの大きさ、特に股関節屈曲トルクは、鉄棒の後方車輪に比べてとても大きい値です。

力技

　つり輪の力技の代表的な技は十字懸垂でしょう。両腕を左右に開いてちょうど十字の姿勢で静止する技です。十字"懸垂"ですから、頭が上、脚が下の姿勢ですが、頭が下、脚が上となる十字倒立という技もあります。このほか、ちょうど輪の高さで身体を水平に保持する中水平支持（146ページの写真）や、輪よりも高い位置で身体を水平に保持する上水平支持といった技が、現在のつり輪の演技で頻繁に実施される力技です。

つり輪のケーブルの根元部分には工夫が施されており、演技中でいくら回転しても、ロープがねじれないようになっています。

こうした力技は、もちろん日常では発揮しないような筋力を必要とします。Gorosito（2013）は、中水平支持を静止するのに必要な筋力がどの程度であるのかについて研究を行っています。それによれば、仰向けに寝て両腕を伸ばし、胴体から脇を45度開いた姿勢で、左右の腕でそれぞれ体重の30％のダンベルを3秒間保持できる筋力が必要であると見積もられています。体重65kgの選手であれば、左右の腕でそれぞれ19.5kg、合計39kgを持ち上げる計算になります。肘を曲げずにこれだけの重さを水平で保持するのはかなりの負荷でしょう。また、こうした力技では、腕や肩だけではなく、身体をまっすぐに保つことも要求されますから、体幹の十分な筋力も必要です。いきなりこうした大きな筋力を獲得することはできませんから、体操選手は長い時間をかけてトレーニングを行うのです。

> ## 平行棒

©wasedasports.com

　平行棒は、長さ3.5mの二本の棒を着地面から1.8mの高さで平行に設置した器具です。二本の棒の幅は選手によって変更することができますが、50cm程度です。この平行棒で実施される技は、支持振動技、腕支持振動技、懸垂振動技、棒下宙返り技の四つに分けられます。

　支持振動技とは、二本の棒の間に身体を入れ、左右の棒を握って腕で身体を支え、その姿勢で身体を前後に振って行う技のことです。

　腕支持振動技とは、左右の腕の上腕を左右の棒に引っ掛けるようにして懸垂し（これを腕支持姿勢といいます）、身体を前後に振って行う技のことです。

　懸垂振動技とは、鉄棒の後方車輪のように、二本の棒間にぶら下がって（懸垂して）行われる技です。

棒下宙返り技とは、鉄棒の逆上がりやともえ、ほん転倒立（後方浮き支持回転倒立）と同じ運動を平行棒で行うものです。

図7-4は懸垂振動技の代表的な技である後方車輪のスティックピクチャーです（Tsuchiyaら、2004）。後方車輪はすでに紹介したとおり、鉄棒で行われる運動でもあります。ただし、平行棒で行われる後方車輪は二本のバーを内側から握って実施されるうえ、平行棒の高さが

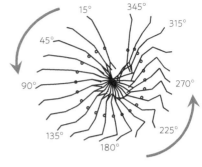

図7-4 平行棒における後方車輪のスティックピクチャー
[Tsuchiya, J. et al.: Int. J. Sport Health Sci., 2: 211-221（2004）より一部改変]

1.8ｍしかありませんから、懸垂した際には膝を曲げなければなりません。

図7-5は平行棒での後方車輪と鉄棒での後方車輪を実施した際に膝関節、股関節、肩関節で発揮されたトルクとパワーを比較した図です（Tsuchiyaら、2004）。平行棒での後方車輪では、前述のように懸垂時に膝を曲げますから、その局面において膝関節で屈曲トルクが発揮され、同時にパワーも発揮されていることがわかります。このときのパワーは正の値ですから、膝関節を屈曲させる筋群は短縮性の収縮をしていることになります。股関節のトルクとパワーは平行棒と鉄棒でよく似た変化を示しており、懸垂に至る局面では、平行棒、鉄棒の後方車輪ともに股関節の伸展トルクが発揮され、負のパワー発揮がなされますが、鉄棒の後方車輪に比べて平行棒の後方車輪では、そのタイミングが早いことがわかります。

懸垂以降の上昇局面では、平行棒、鉄棒の後方車輪ともに股関節の屈曲トルク、肩関節の伸展トルクが発揮されていますが、肩関節の伸展トルクによってなされた力学的仕事は、股関節屈曲トルクによってなされた力学的仕事の3倍程度大きいことがわかりました。さらにこの局面では、平行棒における後方車輪の実施時には、鉄棒における後方車輪の実施時に比べて肩関節伸展トルクの大きさが大きく、しかも発揮時間が長いことがわかりました。肩関節の伸展、つまり脇を閉じる動作は平行棒のバーを身体のほうに「引く」動作です。体操競技の指導現場では、これを「バーの引き」と表現していますが、この動作の重要性が改めて確認されたということになるでしょう。

平行棒では、両棒上の支持技、両棒の下に懸垂する技、両棒に上腕をかけてぶら下がる腕支持技を実施したうえで終末技を行わなければいけません。

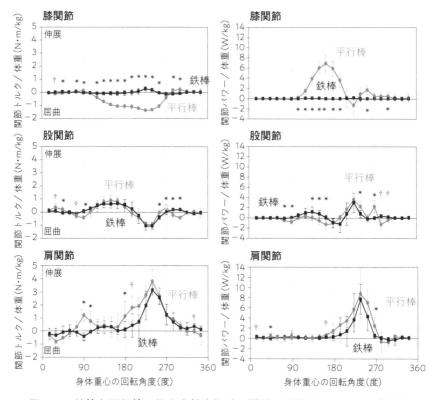

図7-5　**鉄棒と平行棒の後方車輪実施時に関節で発揮されたトルク（左）と
パワー（右）の比較**
†：鉄棒と平行棒で差があり（p値＜0.10）　＊：鉄棒と平行棒で有意な差が
あり（p値＜0.05）
[Tsuchiya, J. et al.: Int. J. Sport Health Sci., 2: 211-221 (2004) より一部改変]

第8章

その他の
女子競技種目の
基本技の科学
段違い平行棒・平均台

段違い平行棒

　段違い平行棒は、長さ2.4 mの二本の棒を1.3 mから1.8 m離して、着地面から1.5 mと2.3 mの高さに平行に設置した器具です。1960年代までは男子の平行棒の二本の棒を、高さを変えて設置したような器具でしたから、その形状に見合った技が主体でした。例えば、低い棒の上に立ち上がって高い棒をつかむような技や、低い棒で前方閉脚浮き支持回転(棒を逆手で握った両手の間に両脚を入れた姿勢で前方に回転する技)をして高い棒を握って高い棒でけ上がり、といった技です。そうした段違い平行棒の演技に革命的な変化をもたらした技が、1977年に当時のソ連代表であったシャポ

151

シュニコワ選手が実施した後方車輪です。後方車輪は男子の鉄棒では基本的な技ですが、彼女がこの技を実施した当時、段違い平行棒の棒の断面は円ではなく上が膨らんだ卵型で、しかも二本の棒間の距離は最大でも1.2mほどでした。後方車輪では身体が1回転する際に当然棒を握っている手も棒のまわりを1回転しますが、棒の断面が卵型であるということは、回転中に手と棒の間の抵抗が変化する、という難しさがあります。抵抗が変化するということは、手が離れやすいことを意味します。また、倒立からの振り下ろし時に、狭い棒間に身体を通すため、股関節を強く屈曲させる必要がありました。倒立から棒の真下に懸垂するまでに股関節を大きく屈曲させるということは、身体重心は円を描くのではなく、ほぼ落下に近い軌跡を描くことになります。鉄棒の後方車輪の項でお話ししたように、後方車輪で棒に懸垂した身体が回転して再び棒の上で倒立するためには、肩関節の伸展（脇を閉じる）動作や股関節の屈曲動作でのトルク発揮が必要です。段違い平行棒の後方車輪でもこの点は同じですが、これだけでは落下に近い軌跡で懸垂した身体を倒立まで回転させることができないため、当時はそれに加えて、倒立に至る直前の局面で脇を大きく開き（肩関節の屈曲）、また腰を反る（股関節の伸展、腰椎の伸展）ことを必要としていました。画期的な技でしたから、段違い平行棒の後方車輪は、1989年版の採点規則までは当時の最高難度であるC難度でした。その後、1990年代には棒の断面も円となり、また徐々に棒間の距離が広げられるという器具の変化もあって現在に至っています。なお、段違い平行棒の棒間の距離は選手ごとに変更できます。

　現在のトップレベルの競技会では、後方車輪は、それにひねりを加えた技や、後方宙返り系の棒を手放して再び握る技として、あるいは終末技を実施する際に頻繁に行われています。後方車輪自体は1993年版の採点規則（当時の最高難度はD）ではB難度となり、もはや基本技となっているのです。現在では段違い平行棒の後方車輪は男子の鉄棒の後方車輪とほぼ同じ技術が用いられ、倒立に至る際に大きく身体を反らせるということは今では大きな減点対象となっています。ただし、棒間が広がったからといって低い棒が無くなったわけではありませんから、倒立からの振り下ろしの際、低い棒に脚が当たらないようにやや腰を曲げるとか、開脚するという点は男子の鉄棒と異なる点です。

平均台

　平均台は、学校体育の器械運動でも取り上げられていますから、多くの方がご存じの種目だろうと思います。幅はたった10cm、長さは5mの台が1mの高さに設置されたものです。

　平均台上で行われる技は、基本的にはゆかで行われる技と同じです。片足上のターンや、開脚ジャンプといった体操系といわれる技と、前方宙返りや後方宙返りといったアクロバット技が実施されます。とはいえ、なにしろ台の幅は10cmですから、ゆかで実施されている技がすべて平均台でも行

©wasedasports.com

われているわけではありません。特にアクロバット技は、終末技（平均台上から地面に着地するときの技）として後方かかえ込み2回宙返り1回ひねり下りは実施されていますが、さらにひねりを加えた後方かかえ込み2回宙返り2回ひねり下りや、後方伸身2回宙返り下りはいまだ実施されていません。また平均台上での技では、後方伸身宙返りやそれに1回ひねりを加えた技は実施されていますが、それ以上のひねりを加えた技や、2回宙返りは実施されていません。ゆかではすでに実施されているこうした技が平均台で実施されないのは、高さが1mあるとはいえ、台の長さが5mで助走が制限されること、台の幅が狭くゆかのように足を左右にそろえて踏み切ることができないうえに、着地面が制限されるといったこと、ゆかのようなバネが平均台ではほとんどないことが大きな要因です。宙返り技は、踏み切りから着地までを幅10cmの直線上で行うというのはとても難しいのです。

第**9**章

連続技・高難度技
の科学

連続技

　一つ一つの技が上手にできるようになったら、技を連続して行うことを目指しましょう。技の連続では、同じ技を繰り返し行うこともあれば、異なる技を組み合わせて行うこともあります。体操競技の跳馬を除く各種目の「演技」は、まさに技の連続によって成り立っています。技を連続して行う場合にまず大切なことは、すでに「ゆか」の章でもふれましたが、一つ一つの技の開始姿勢と終了姿勢を明確に意識して実施することです。ある技の終了姿勢が、次に行う技の開始姿勢になっていなければ、技を連続して行うことは難しいのです。ある技とある技を連続して行う際、最初に実施した技の終了姿勢があいまいであると、次に実施する技の開始姿勢もあいまいになりますから、次の技はうまく行うことができなくなります。また、どうしても意識が先走ってしまって、前に実施する技をしっかりと望ましい終了姿勢まで行わずに次の技を始めてしまい、次の技で失敗するというのは、選手でもよくあることです。もちろん流れるように技を連続することが望ましいのですが、まずは一つ一つの技の開始姿勢と終了姿勢をしっかりと意識してください。

日本初の体育大学は、第１章でも述べた「日本體育會」に起源をもつ日本体育大学で、1949年に開学しました。

バク転を含む連続技１：ロンダートからのバク転

　単独で行うバク転の練習方法はすでに紹介したとおりですが、バク転が一人でうまくできるようになり、さらにロンダートもしっかりとできるようになったら、ロンダートからのバク転の連続技に挑戦しましょう。ただし、次のことをまず確認してください。一つ目はもちろんバク転が一人でできること、二つ目はロンダートが一直線上に左右に歪むことなくできること、です。さらに、ロンダートの項で述べたように、ロンダートの最終姿勢は顎を締め、両腕が肩の高さよりもずっと低い位置にあり、やや膝を曲げて立った姿勢です。単独で行うバク転と、ロンダートから行うバク転の大きな違いは、腕の振り方にあります。単独で行うバク転では、すでに説明したとおり、身体の前に上げた腕を一度身体の後ろに振り下ろし、そこから大きく脇を開くように腕を振り上げ、それにあわせてジャンプをします。ロンダートからのバク転では、腕を一度身体の後ろに振り下ろす、という動作はありません。ロンダートの最終姿勢は両腕が肩の高さよりも低い位置にありますから、この姿勢から腕を振り上げることになります。腕を一度身体の後ろに振ることなくバク転ができるようになるために、補助者に手伝ってもらって次のような練習をしてください。

　まず実施者は、膝と腰をやや曲げ、両手を膝のやや前くらいに下げ、手のひらを下に向けた姿勢で立ちます。まさにロンダートの最終姿勢です。この姿勢でお尻を後方に移動させて、両腕を最初の位置から勢いよく振り上げてバク転をします。

　このとき両腕は下に振り下ろすことはしません。腕の振り上げの勢いが弱いと後方へのジャンプもうまくできませんし、後方への回転も不十分になりがちですから、しっかりと腕を振り上げることを心がけてください。

補助者は実施者の最初の姿勢を確認し、実施者の腰と太腿あたりを支えてバク転を補助してあげてください。このバク転が補助者ありでしっかりとできるようになったら、次の段階に進みます。

　次は、実施者は助走なしでロンダートを行い、先ほどから述べているロンダートの最終姿勢で止まります。膝と腰をやや曲げ、両手を膝のやや前くらいに下げ、手のひらを下に向けた姿勢です。補助者は実施者がロンダートの最終姿勢をとった位置の真横にいて、腰を支えてください。何度かこれだけを行い、補助者が実施者の腰を支えられることを確認しましょう。

　実施者がロンダートの最終姿勢を正しくできて止まり、補助者がそのときに補助の準備ができるようになったら、ロンダートの最終姿勢から、先ほど腕を振り下ろさないバク転の練習をしたときと同じようにバク転を行います（次の写真）。

国立大学で最初に体育系の学部が誕生した大学は筑波大学です（現在は体育専門学群）。1948年の誕生ですが、当時は東京教育大学体育学部でした。

実施者はロンダートの最後に手を下げた姿勢で一度止まること、補助者はきちんとバク転の補助をすることを忘れないでください。この練習を何度も行い、慣れてきたら徐々にロンダートの最後に止まる時間を短くしていき、さらにロンダートもホップから、そして助走から行うようにしていきます。くれぐれも急がないでください。徐々に、徐々にスピードを速くしていくのです。急ぎすぎると、ゆっくりとしたスピードのときにできていたことができなくなることが多いうえに、補助者が実施者のスピードについていけなくなって補助がうまくできないことにもなりかねません。

バク転を含む連続技 2：ロンダート、バク転からのバク宙

　ロンダートからのバク転ができるようになったら、バク転を連続して行うことに挑戦しましょう。ロンダートからバク転を 2 回連続して行うのです。ロンダートからの最初のバク転の最終姿勢は、ロンダートの最終姿勢と同じ、すなわち膝と腰をやや曲げ、両手を膝のやや前くらいに下げ、手のひらを下に向けた姿勢です。練習の段階も補助も、ロンダートからのバク転のときと同じように、1 回目のバク転の最終姿勢で一度止まり、次のバク転を行います。

　ロンダートからのバク転 2 回連続に慣れたら、ロンダート → バク転 → 宙返りに挑戦しましょう。その練習には二つの方法がありますが、簡単なのは、2 回目のバク転を少し変形させていく方法です。通常のバク転よりも、ジャンプの方向を後方から上方へ変えていくのです。そのためには、1 回目のバク転の最終姿勢で腰を曲げる角度をやや浅くして、足が着く位置を少し後ろにする、腕はしっかりと振り上げるものの、その振り幅は脇を開ききらない程度までにする、ということが必要です。ジャンプの方向が上方になれば、バク転で手がゆかにほとんど着かなくなっていくでしょう。このようにジャンプの方向を徐々に上方向にしていくのです。

　もう一つの練習方法は、柔らかいマットを積み重ねることができる場合の方法です。ロンダートからのバク転の後、肩の高さ程度に積んだ柔らかいマットの上に背中から身体を伸ばして跳び乗るのです。バク転の最終姿勢では腕は肩よりも下に位置させ、ジャンプと同時に脇を開ききらない程度に腕を振り上げ、マット上に背中で跳び乗ったら、腰と膝を曲げて後転をします。この動きに慣れたら、マットを外して行います。

筆者の所属する早稲田大学も含め、健康志向の高まりもあり、「スポーツ」と付く学部・学科をもつ大学が増えています。1 学年に合計 8 千から 1 万人の学生がいます。

け上がりからの連続技１：け上がりからのともえ

　け上がりとともえ（後方浮き支持回転）がどちらも上手にできるように
なったら、け上がりからともえを連続して行いましょう。このときのポイ
ントは、け上がりで支持姿勢になる際に、腰を曲げた屈身姿勢となって、
できるだけ脚を鉄棒の前に「置いておく」ことです。脚が鉄棒の真下まで
振れてしまうと、その後の支持振動で脚を後ろに振り上げることが難しく
なるからです。そのためには、け上がりの項でもふれたことですが、け上
がりを実施する際、足首を鉄棒に近づけた後に脚を勢いよく振り下ろさな
いようにしてください。また、け上がりで上がった支持姿勢では、脚を後
ろに振りやすくするために肩をある程度前に出すことも忘れないようにし
てください。

け上がりからの連続技２：け上がりからのほん転倒立

　こちらも基本的なポイントは、け上がりからともえの連続を行うときと
同じです。ほん転倒立（後方浮き支持回転倒立）は、ともえよりも強い脚の
振り込みと肩の回転が必要ですから、け上がりからの支持振動で脚を後ろ
により大きく振り上げなければなりません。そのために、け上がりで支持
する際には脚を鉄棒の前に残した屈身姿勢で、さらにその後、肩をやや前
に出すことがより大切です。ほん転倒立はすでに解説したとおり、強い脚
の振り込みと肩の回転が必要ですから、鉄棒から手が離れてしまうことが
ないように、この連続技の練習もメビウスを使って行ってください。

高難度技

　体操競技では一つ一つの技に採点規則によって難度が設定されています。もっとも簡単な技の難度はＡですが、2021年時点で男子のもっとも高い難度はＩ難度、女子ではＪ難度です。つまり、ＡからＩもしくはＪまでの９もしくは10段階に、各種目の技がその難しさに応じて振り分けられているのです。これまで紹介してきた基本技といわれる技は、難度の認定がなされていないか、ＡあるいはＢ難度の技です。技の難度はおよそ五輪周期で採点規則が改定されるたびに見直されます。体操競技では高難度の技を行うことによって高い点数を獲得することができますから、トップレベルの選手が演技に取り入れる技はＤ難度以上の技がほとんどです。もちろんトップレベルの選手であっても、高難度の技がいきなりできるようになるわけではなく、Ａ難度やＢ難度の基本技をしっかりと習得したうえで高難度の技が実施できるようになるのです。

　体操競技の技は、回転数が多くなれば難度が高くなり、また姿勢が大きくなれば難度が高くなる、というのが基本的な考え方です。体操競技では、身体の左右軸回りの回転のことを「宙返り」と呼び、身体の上下軸回りの回転を「ひねり」と呼びます。例えば、ゆかにおいて膝と腰を曲げたかかえ込み姿勢での後方１回宙返りはＡ難度、腰も膝も伸ばした伸身姿勢の後方１回宙返りはＢ難度です。宙返りの回転数を増やした後方２回宙返りについては、かかえ込み姿勢ではＣ難度、伸身姿勢ではＤ難度です。また、宙返りの回転数は同じ１回でも、そこにひねりを加えると難度が上がり、後方伸身宙返り１回ひねりはＣ難度、後方伸身宙返り３回ひねりはＤ難度となります。

　回転数が多い、姿勢が大きい、という二つの点が技の難度を決定する大きなポイントではありますが、それに加え「その技を行っている選手の数」という点も技の難度を設定する際に考慮されます。多くの選手が行うようになった技は、次の採点規則の改定で難度が下がる、ということがしばしば見られます。

　ところで宙返りがどんな軌跡を描くのか、どんな姿勢でどれだけ回転させることができるのか、あるいはそこにどれだけひねりを加えることができるかは、身体が器具から離れた瞬間に決まっています。身体が空間に跳び出してしまえば、身体に働く外力は空気抵抗を無視すれば重力のみです

技名に付けられている名前で一番多いのは「ツカハラ」です。1970年代に活躍した塚原光男選手のものと、そのご子息である塚原直也選手によるものがあります。

から、身体重心が宙返り中に描く軌跡は高校の物理で取り扱われるように放物線を描きます。その放物線の高さは、ゆかであれば踏み切り直後に身体が空間に跳び出した瞬間に、身体重心がもっている鉛直方向の速度で、また踏み切りから着地までの距離は、同じく水平方向の速度で決定されます。踏み切り直後の鉛直方向と水平方向の速度の大きさによって、宙返りの軌跡が決定されるというわけです。

　また、宙返りをどんな姿勢でどれだけ回転させることができるのかは、踏み切り直後の身体重心がもつ角運動量によって決定されます。角運動量は「慣性モーメント×角速度」で表されますが、慣性モーメントは姿勢の大きさと考えればよいでしょう。例えば、同じ量の角運動量をもって宙返りをした場合、かかえ込み姿勢であれば宙返りの回転が速くなって2回宙返りができたとしても、伸身姿勢であると慣性モーメントが大きいために1回しか回れない、ということが起こります。

　こうしたことからわかるように、回転数が多いあるいは姿勢が大きい高難度の技を実施するためには、それに見合った速度と角運動量を獲得することが必要なのです。例えば、ゆかの高難度宙返り技を実施するためには、すでにバク転の項で説明したとおり、宙返りの前に実施される助走、ロンダート、バク転で高難度技の実施に必要な速度と角運動量を得ておくことが必要です。ですから、高難度の宙返り技を実施する際には、速い助走やロンダート、バク転の実施が必須となります。鉄棒や段違い平行棒で行われる手放し技や下り技における宙返り技では、そうした技を実施する前に行われる車輪において必要な速度や角運動量を得てから手を放すことが求められます。高難度技の実施前の車輪が通常の車輪と異なる回転速度や形態が異なっているのはこのためです（89ページ図5-1参照）。テレビなどで体操競技を観戦する際に、選手がゆかで勢いよく走り出したり、鉄棒や段違い平行棒でスピードを上げた車輪を行ったりしたら、次に高難度の技が実施されると思ってください。

　ちなみに、ひねりの回数が増えると難度もそれにともなって上がっていきますが、宙返りにひねりを加えるにはいくつかの方法があります。その一つが器具に身体が接している間に、ひねり、つまり身体の上下軸回りの回転を生み出すトルクを器具に対して発揮する、という方法です。簡単な例として、軽く真上にジャンプして半分ひねって着地してみてください。このとき、真上から見て時計回りにひねるとしたら、ジャンプする際に両

腕は右方向に回しながら、脚は左方向にゆかを蹴っているはずです。この左方向への反作用の力が身体のひねりを生み出しているわけです。回転運動を生み出すのはトルクであるということはすでに説明したとおりですが、ひねりの場合も同じことがいえます。ゆかの宙返りで3回とか4回という多くのひねりを行う場合には、宙返りの踏み切り時に宙返りの回転に必要なトルクとあわせて、ひねりのためのトルクも発揮されています。選手の動きを注意深く観察すれば、足がまだゆかに着いている踏み切りの最中にひねりが開始されていることがおわかりになるでしょう。

　回転運動はトルクによって生み出されるのですが、実は身体が完全に空中にあって器具に対して力を発揮できない、つまりトルクを発揮できない場合でもひねりを行うことが可能です。これは、宙返りの回転軸である身体の左右軸を少し傾けることによって、その軸回りの角運動量を上下軸回りの角運動量に変換することで達成できます。回転の軸を傾けるためには、左右の腕を非対称に動かすことが必要です。例えば、鉄棒で後方伸身2回宙返りを行う際、空中に身体が跳び出した後、両手を右腰に当てるような動きを行うと、身体が右側に傾くと同時に右回りのひねりが生まれます。

　さらに、空中でひねりを生み出すにはもう一つの方法があります。それは、腰を曲げた屈身姿勢から、一気に腰を伸ばして伸身姿勢になる動作によってひねりを生み出すという方法です。

　選手はこうした方法を用いて宙返りにひねりを加え、高難度技を実施しているのです。それでは以下に、いくつかの高難度技についてみていきましょう。

高難度技の例：ゆか

後方3回宙返り

　ゆかの後方かかえ込み3回宙返りが旧ソ連のリューキン選手によって世界ではじめて実施されたのは1980年代後半のことですから、もう30年以上前のことです。しかし、現在においてもこの技はゆかでもっとも難しい技の一つです。後方かかえ込み3回宙返りは、男子のゆか、つり輪、鉄棒、女子の段違い平行棒において世界的な競技会で発表されていますが、どの種目においてもそれを実施した選手は多くはありません。男子の鉄棒

技名に付けられている名前のうち、一人の選手によるものとしてもっとも多いのは白井健三選手の「シライ」です。ゆかで三つ、跳馬で三つの六つです。

では屈身の3回宙返りも発表されていますが、1998年の発表以来、世界的には後を継いで実施した選手はいません。後方3回宙返りの難しい点は、かかえ込みであっても3回転するための空間の大きさが必要であることと、着地の「先取り」が難しいことにあります。ゆかの宙返りでは踏み切りから着地までの身体重心が描く軌跡、つまり宙返りを行う空間の大きさは踏み切り時に決定されることはすでに説明したとおりです。ゆかの後方かかえ込み3回宙返りの実施の際には、この軌跡をできるだけ上に大きく、かつ尖った放物線にしなければなりません。つまり、踏み切り時に身体重心がもつ速度は鉛直方向に大きく、水平方向にはあまり大きくないことが求められます。これは、すでにバク転の項で説明した、後方かかえ込み2回宙返りは後方伸身2回宙返りに比べて踏み切り中に身体重心の水平速度を鉛直速度に大きく変換させているという点と共通しています（67ページ図4-8参照）。後方かかえ込み3回宙返りは、2回宙返り以上に慣性モーメントをできるだけ小さくするように膝を強くかかえ込む必要がありますが、踏み切り時の身体重心がもつ水平速度が大きい、つまり後方への身体の移動が速くなると、膝を引き寄せて小さな姿勢になることが困難になってしまうのです。踏み切り時に身体がもつ角運動量（慣性モーメント×回転の角速度）が宙返りの姿勢と回転数を決定しますから、できるだけ小さな姿勢（小さな慣性モーメント）になって、大きな角速度（素早い回転）を得る必要があるのです。

　大きな角速度で3回転するわけですから、着地を先取りすることはとても難しくなります。着地を決めようと少しでも早めに小さくなった姿勢をほどいてしまうと、回転がゆるやかになってしまい、回転不足になって手を着いてしまうという失敗を引き起こしかねません。また回転を維持しようと小さな姿勢を保ったままでは、回転しすぎて尻もちをつくことになります。

　最近ではロシアの複数の選手が果敢にこの技を実施し、見事に成功させています。今後は実施する選手がさらに多くなっていくでしょう。2021年にはロシアのナゴルニー選手が屈身3回宙返りを発表し、世界中の体操関係者の度肝を抜きました。かかえ込みよりも慣性モーメントが大きな屈身姿勢での3回宙返りを、鉄棒に比べて宙返りの空間が小さいゆかで実現させるためにどれだけの厳しいトレーニングが行われてきたのでしょう。まったく驚異的というほかありません。

後方伸身宙返り 4 回ひねり

　ゆかの後方伸身宙返り 4 回ひねりが世界規模の競技会ではじめて実施されたのは2013年の世界選手権でした。このとき 2 名の選手がこの技を実施したのですが、そのうちの一人が日本の白井健三選手であったことは多くの方がご存じでしょう。もう一人の選手はベトナムのグエン選手でした。

　何といってもこの技の難しさは、宙返りは伸身姿勢での 1 回であるとはいえ、4 回もひねるという点です。後方伸身宙返り 3 回ひねりは多くの選手が実施していますが、それにさらにもう 1 回ひねりを加えるためには、宙返り時に身体重心が描く軌跡の空間を大きくするか、ひねりの角速度を大きくすることが必要となります。空間を大きくするためには、踏み切りの力を大きくして、身体重心がもつ速度を大きくすることが必要です。とはいえ、宙返りにひねりを加える方法として紹介したように、もっとも容易にひねりを生み出す方法は、ゆかに対してひねりのためのトルクを発揮する、というものです。この場合、ゆかを蹴る力は鉛直方向と前後の水平方向だけではなく、左右の水平方向の成分が必要です。つまり、蹴りの力はそれだけ分散されてしまうことになります。これでは大きな空間を生み出すことは容易ではありません。ということは、ひねりを生み出すトルクを必要な大きさと方向に発揮して、なおかつ身体の上下軸回りの慣性モーメントを小さくし、ひねりの角速度を高めることが必要になるわけですが、これが難しいのです。ひねりを強く意識して踏み切りの力発揮の方向が少し変わっただけで、宙返り中に身体が傾きすぎて安全な着地ができなくなってしまいます。3 回ひねりですら着地でやや身体が左右どちらかに傾いてしまう選手が多いのです。また、踏み切りから着地までの時間は 1 秒程度で、この間に 4 回ひねり＝360度×4＝1440度回転することになるわけですが、これほどの角速度を獲得することは容易ではありません。白井選手はこの技だけではなく、同じ2013年の世界選手権で前方伸身宙返りに 3 回ひねりを加えた技も発表し、種目別で優勝しています。まさに「ひねり王子」ですね。

高難度技の例：鉄棒

ブレットシュナイダーとミヤチ

　「ブレットシュナイダー」は、後方車輪から手を放し、鉄棒を越えてか

跳馬における「伸身ユルチェンコ 3 回ひねり」は白井健三選手と韓国の金熙勲選手が同じ国際大会ではじめて成功させたため、「シライ／キムヒフン」という連名になっています。

かえ込み姿勢で2回宙返りする間に2回ひねって再び鉄棒を握るという技です。ひねりが1回少ない技は「コールマン」という技で、これでも十分高難度技といえますが、コールマンは現在では数多くの選手が実施していますから、さらに高難度の技といえば「ブレットシュナイダー」ということになります。

　ブレットシュナイダーのさらに上をいく高難度技が「ミヤチ」という技です。ブレットシュナイダーがかかえ込み姿勢で行われるのに対して、ミヤチはなんと伸身姿勢で行われます。ひねりが1回であれば「カッシーナ」という技ですが、伸身姿勢での2回ひねりを行う「ミヤチ」は日本の宮地秀享選手が2017年の世界選手権において世界ではじめて発表しました。

　どちらの技も、鉄棒を放して再び握るまでの時間は最大でも1秒程度です。この時間は、鉄棒から手を放した瞬間の身体重心のもつ速度の大きさによって決定されますし、手を放してから身体重心が描く放物線の軌跡は、同じく鉄棒から手を放した瞬間において身体重心がもつ速度の大きさと方向によって決定されます。したがって、できるだけ大きな速度が得られるように、手を放す前の車輪ではかなり速く回転することになります。といっても、車輪の回転速度を増加させるのにも限度がありますし、再び鉄棒を握らなければなりませんから、手を離した後に身体重心がどんな軌跡を描いてもよいわけではありません。できるだけ速く回転しながら、かつ絶妙のタイミングで手を放すことが求められます。ここがまずとても難しいことです。

　さらに、2回宙返りをして2回ひねるという回転運動に必要な角運動量は手を放す前の後方車輪によって獲得する必要があります。大きな角運動量を得るうえでも後方車輪の回転速度を大きくすることが求められます。ミヤチは伸身姿勢で2回宙返りを行うわけですから、かかえ込み姿勢で行われるブレットシュナイダーに比べてより大きな角運動量が必要であることは言うまでもありません。また、ミヤチもブレットシュナイダーも2回ひねりを行うわけですが、限られた時間と空間で2回宙返りしながら2回ひねりを完結させ、再び鉄棒を握るためには、できるだけ早い時点からひねりを開始することと、ひねりの回転速度をできるだけ大きくすることが求められます。この点がこれらの技のもっとも難しいところです。

第**10**章

技をきれいに
見せるために

ラジオ体操は1928年（昭和3年）に昭和天皇ご即位の大礼を記念して、当時の通信省（後の郵政省）簡易保険局により「国民保健体操」としてスタートしました。

どんなものがきれいに見えるのか

姿勢や動きを明確にムダなく示す

　体操競技とは異なりますが、ちょっとラジオ体操の話をしようと思います。ラジオ体操は長年にわたって日本の国民にとってとてもポピュラーな体操です。私も小学生の頃、夏休みには毎朝近所の神社で行われるラジオ体操に参加し、参加カードに小さな判子をもらっていたことを思い出します。このラジオ体操ですが、NHKのテレビではアシスタントの女性が見事な実技を披露しています。彼女らの実技を見て、とても上手だな、きれいだと感じるのは私だけではないでしょう。彼女らの実技を上手だ、きれいだと感じるのは、一つ一つの動きがはっきりと行われていることが大きな理由であろうと思います。関節を伸ばすときにはしっかりと伸ばし、曲げるときにはしっかりと曲げる、そしてゆっくり行うときはゆっくり、速く行うときは速くというメリハリがよくつけられているのです。一方で、あまり上手ではないと感じる動きは、関節が伸びているのか曲がっているのか、ゆっくり行うのか速く行うのかどちらともいえない中途半端な動きです。特にちょっと恥ずかしいからと腕をまっすぐ伸ばさなかったり、真上に上げるべき腕を斜めに上げてよしとしてしまったりすることが多いと

167

思います。ラジオ体操のようなそれ
ほど難しくない動きで、メリハリの
ある上手な、きれいな動きを意識し
て練習するとよいでしょう。すでに
前転の項で、技を上手に見せるため
には技の開始姿勢と終了姿勢を明確
にすることが大切であると述べまし
たが、技を実施している最中も、関
節を曲げるのならしっかりと曲げ
る、伸ばすのならしっかりと伸ば
す、速く動くべきところは速く動
き、ゆっくり動くべきところはゆっ
くり動くといったメリハリをつけて
ください。それだけでずいぶんと上

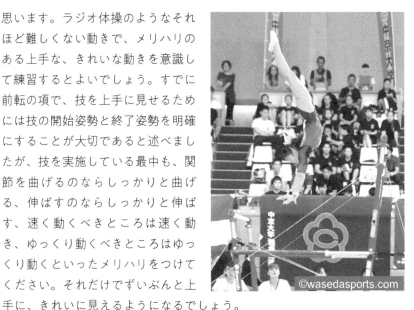

手に、きれいに見えるようになるでしょう。

　技をきれいに見せるうえでさらに必要なことは、ムダな姿勢や動きをし
ないということです。関節を曲げなくてもいい、あるいは曲げるべきでは
ないときに曲げる、脚を開く必要がないのに開く、余計な手の動きや脚の
動きがあるといったムダな姿勢や動作があっては技をきれいに見せること
はできません。前転の項ですでにお話しした「下駄を履く」といわれる足
関節の背屈姿勢は、ムダな姿勢のもっとも代表的な例です。ゆかに立って
いるとき以外、すべての技は足関節を底屈させてつま先まで伸ばすことが
必要です。

理想像

　姿勢や動きを明確に示すことに加え、ムダな姿勢や動きを無くすことが
できるようになるためにはそれ相応の量の練習が必要になりますが、「き
れい」と感じるのは実施者ではなくそれを見ている人です。ですから、常
にまわりの人に自分の技の実施を見てもらい、評価してもらうことが大切
です。一人で練習しているとき以外は、まわりの人に自分の動きを評価し
てもらってください。また、現在は自分の身体の動きはスマートフォンや
タブレット端末で簡単に撮影できますから、自分自身の動きを見て評価す
ることもできるでしょう。

自分の技や誰かの技を評価するときに大切なことは、実施されている技はどのような動きをしたら上手といえるのか、きれいに見えるのかを知っておくことです。体操競技では技のあるべき姿を「理想像」と呼んでいますが、理想像がなくては技の評価はできません。体操競技の審判員は、何百とある技の一つ一つの理想像を認識し、目の前で行われた選手の技を評価します。そのために、審判員の間では技の理想像がどのようなものかという情報交換を頻繁に行っています。そうした情報はもちろんコーチや選手とも共有され、美しい技、美しい体操とは何かが、選手、コーチ、審判員の間で広く共通して認識されているのです。技の理想像を知るためには、上手といわれる人や、競技会で減点されない選手の動きをよく観察することが必要です。非常にレベルの高い競技の場面では、他の選手と差をつけるために、まだ誰も実現していない理想像を設定して実現させるトレーニングを行うこともありますが、この本で紹介している技ではそのようなことは必要ないでしょう。ぜひ自分のまわりにいる上手といわれる人や選手の映像などで技の理想像を確認してください。その理想像を頭に描いたうえで、自分の、そして他人の技を評価してください。自分の頭の中にある理想像のイメージと、自分の身体の動きとの間の「ずれ」を認識できることが、理想像を実現するための第一歩です。まず、よくないところを知ることができなければ、上手にはなれません。さらに言えば、理想像を実現させるために必要な身体の動かし方が「技術」と呼ばれるものですが、理想像を知り、それを実現させる技術を身につけること、その過程で理想像と実際の動きのずれを修正することこそが体操選手のトレーニングです。これらに関する知識が豊富な人が、優れたコーチと呼ばれる人たちなのです。

まっすぐなものはきれいに見える：ベリョースカ

ずいぶん体操競技の専門的な話をしてしまいましたが、もう少しつづけてお話ししておこうと思います。

かつて日本の男子体操は1960年代から1970年代にかけて五輪5連覇、世界選手権5連覇というあわせて10連覇を成し遂げた黄金時代を築きました。女子も1960年代に世界でメダルを獲得していた時期がありました。「体操ニッポン」と呼ばれた時代です。その後、男子は金メダルが取れず、女子も低迷する時代がつづきました。そうしたなか、1995年に福井県の

かつての段違い平行棒は男子の平行棒の二本のバーの高さを変えただけのものでしたが、技の開発、特に後方車輪やその発展技の実施がバーの間隔を広げていったといえます。

鯖江市においてアジアでの初開催となる世界選手権が開催されることになりました。日本体操協会は地元で開催される世界選手権に向け、1993年に女子の競技力強化のために体操王国ロシアから指導者を招聘したのです。そのときに招聘されたのが、ビクトル・ラズモフスキー、イリーナ・ラズモフスカヤ夫妻でした。ご夫妻は旧ソ連のナショナルコーチの実績をもった方でしたが、ご夫妻の指導は当時の日本の体操界に大きな影響を与えました。当時の日本の体操は、美しさを犠牲にしてでも難しい世界トップレベルの技を実施する傾向にあったのです。ご夫妻が日本体操界の女子のみならず男子にも与えたもっとも大きな影響は、「体操は美しくなければならない、美しさは基本的な技術の積み重ねから生まれる」という考え方であったと思います。当時、日本体操協会が作成した「女子体操競技トレーニングの手引き」に書かれたラズモフスキー氏の言葉をちょっと長いですが引用します。

　「私たちが日本に来る前から感じていたことですが、これまでも日本の女子選手たちは、技の難しさでは確かに世界のトップレベルの選手と同じようなことを演技していました。しかし残念ながら、体の面でも技術の面でも基礎的な部分をかなり疎かにしていたように見えました。ですから難しい技はやれるのですが、どうしてもそこには姿勢欠点が残っていたり、安定性に欠ける傾向があったのです。つまり世界のトップレベルと同じ内容の演技であっても、そこには質的な面でかなりの差がついていたわけであります。」（ラズモフスキー、1995）

　そして、美しい姿勢として「ベリョースカ」を日本に紹介したのです。ベリョースカとは何か、ラズモフスキー氏の言葉を再び引用します。

　「私たち（注：ロシアの指導者のこと）がとても大切にしているのが、ベリョースカ、日本語では白樺のポーズと呼ばれる姿勢なのです。ベリョースカというのは白樺の木のことです。日本のみなさんには、ちょっとおわかりになりにくいでしょうが、私たちロシア人にとって白樺の木というのは、美しさのシンボルといってもよいのです。
　白く降り積もった雪の中に、まっすぐに立つ白樺の木、それは単に美しいだけではなく、厳しい風雪に耐えうる、たくましさをもあわせもってお

ります。ですから私たちロシア人は、白樺の木のそうした美しさと強さに限りない愛着をもっているのです。そしてこのことは私たち体操関係者ばかりでなく、ロシアのクラシックバレエの人たちも、この姿勢を同じようにベリョースカ、つまり白樺のポーズと呼んで、とても大切にしています。」（ラズモフスキー、1995）

　つまり、ベリョースカとは白樺の木のようにまっすぐな姿勢のことです。ただし、まっすぐといっても、ふつうわれわれが考える単にまっすぐに立った姿勢ではなく、詳細は省きますが体操競技のさまざまな技の実施に必要な関節の位置や筋の収縮をともなった機能的な姿勢なのです。

　いずれにせよ、きれいな動き、美しい姿勢とは、明確でムダのない動きと姿勢ということになります。

体操競技における得点の加算・減点対象

　現在の体操競技において実施された演技の評価は、行われた技の難度や要求される技の有無をカウントして出されるDスコアと、演技の実施を評価して出されるEスコアの合計によってなされます。簡単に言えば、演技で何を行ったかを評価するのがDスコア、演技をどのように行ったかを評価するのがEスコア、ということになります。

　Dスコアは、男女の跳馬以外のすべての種目において、難度点、技グループ点、そして組み合わせ加点の合計で算出されます。跳馬以外の各種目で実施される技は、種目ごとにIからIVの四つの技グループに分けられています。例えば、鉄棒で行われる技は、「I 懸垂振動技」「II 手放し技」「III 鉄棒に近い技と背面系の技」「IV 終末技」という四つのグループのいずれかに属します。技にはすべて難度と点数が割り当てられており、もっとも難度の低いA難度の技では0.1、B難度は0.2、C難度は0.3と、難度が

1925年生まれのドイツ人女性ヨハンナ・クアーズさんは世界最高齢の体操選手としてギネス世界記録にも認定されています。2021年4月現在でもご健在のようです。

行われた技の難度	A	E	C	D	C	E	C	C	C	B	D			
上記の技の点数	0.1	0.5	0.3	0.4	0.3	0.5	0.3	0.3	0.3	0.2	0.4			
終末技と 難度上位9個	○	○	○	○	○	○	○	○	○	○	○	→	難度点	3.5
上記の技の 所属グループ	III	III	II	II	III	II	III	II	I	I	IV	→	グループ点	2.0
組み合わせ加点				0.1		0.1						→	組み合わせ加点	0.2
													Dスコア	5.7

図10-1　Dスコアの算出方法

一つ上がるごとに0.1ずつ点数が上がっていきます。例えば、ゆかのバク転や鉄棒の後方車輪はA難度で、点数は0.1点です。演技で行われた技のうち、最後に行われた終末技と、難度の高いほうから最大9個の技の、あわせて10個を選んでそれらの技の点数を合計したのが難度点です。ただし、一つの技グループからは五つまでしか数えることができません。

　また、技グループのうち、I、II、IIIグループに属する技をそれぞれ一つでも行えば、グループごとに0.5点が与えられます。IVグループは終末技グループですが、終末技がD難度であれば0.5点、C難度であれば0.3点が与えられます。I〜IIIグループの技をそれぞれ一つでも行い、終末技がD難度であれば、0.5点×4（グループ）＝2.0点となり、これが技グループ点です。

　さらに種目によっては、技と技が直接連続して行われた場合に組み合わせ加点が与えられます。例えば男子のゆかでは、D難度以上の宙返り技とC難度以下の宙返り技の連続には0.1点、D難度以上の二つの宙返り技の連続には0.2点の組み合わせ加点が与えられます。

　こうした難度点、技グループ点、組み合わせ加点の合計点がDスコアというわけです（図10-1）。体操競技の競技会では、通常2名の審判（D審判）でこのDスコアを決定します。

　Eスコアは、実施された技一つ一つについて、小欠点があれば0.1、中欠点なら0.3、大欠点で0.5、器具から落下してしまったら1.0として記録され、演技終了時にすべての点数が加算され、最終的には10.0点からこの点数を減じて決定されます。

　小欠点、中欠点、大欠点がそれぞれどのような欠点を指すのかは、体操競技の採点規則によって細かく規定されています。小欠点とは、例えば伸身姿勢が要求されているのに膝がほんの少し曲がったとか、終末技の着地

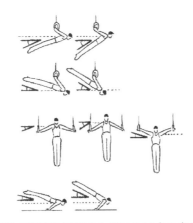

図10-2　2017年版採点規則に掲載されている減点の参考図（つり輪の例）

力技の場合には、求められている姿勢からの角度の逸脱の大きさによって小、中、大の欠点が決められている。小欠点は15°までの、中欠点は16°から30°までの、大欠点は30°を超える逸脱である。45°を超える逸脱があると、大欠点として減点されるうえに、技を実施したとは認定されない。

図の1段目と2段目の四つの図は、つり輪の背面水平懸垂の減点例。このうち各段の左の二つはどちらも水平から15°の逸脱のために小欠点として0.1の減点となり、右の二つはどちらも水平から30°の逸脱のために中欠点として0.3の減点となる。

3段目に三つならんでいる図は、つり輪の十字懸垂の減点例。左から順に、15°の逸脱のために小欠点として0.1の減点、30°の逸脱のために中欠点として0.3の減点、一番左とは逆の方向への15°の逸脱のために小欠点として0.1の減点となる。

4段目の二つの図は、ゆかの上水平支持の減点例。これも左は15°の逸脱のために小欠点として0.1の減点、右は30°の逸脱のために中欠点として0.3の減点となる。

［図はFIG：2017 Code of points men's artistic gymnastic より引用］

でほんの少し動いたといった小さなミスのことです。中欠点は、その膝の曲がりが30度を超えたり、着地の際に肩幅以上足が開いていたりする欠点、大欠点は、それ以上の膝の曲がりや着地で手を着いてしまうといった欠点です。小欠点、中欠点、大欠点は、技によって決められた身体の角度からの逸脱に対しても判定されます（図10-2）。落下は男子の鉄棒やあん馬、女子の平均台でよく見られる失敗です。

　Eスコアは通常4名から5名のE審判が採点します。E審判一人一人が採点した点数のうち、最高点と最低点を除いた三つ（E審判が5名の場合）あるいは二つ（E審判が4名の場合）の点数の平均が最終的なEスコアとなります。

　この本の中では、体操競技の技についてバイオメカニクス的な研究方法を用いて測定を行った結果を随所で紹介しています。それらは私が本書のために測定したものもあれば、すでに発表された研究によって明らかにされたものもあります。ここではこうしたバイオメカニクス的な研究方法について簡単に紹介します。

　第2章でもふれたとおり、バイオメカニクスとは人の運動を力学的に研究する学問分野です。バイオメカニクスには、運動を発現する力を扱わずに運動自体を記述するキネマティクス（kinematics：運動学）という分野と、運動を起こさせる力について扱うキネティクス（kinetics：動力学）という二つの領域があります。バイオメカニクスの研究対象は人間のあらゆる動きですが、特にスポーツ運動を扱う場合には、スポーツバイオメカニクスといわれます。

　運動を記述するキネマティクスという分野でもっともよく行われているのが、ビデオを用いた動作解析研究です。人の運動を記録したビデオ映像から、速度や角度といった情報を取得し、解析します。ビデオの映像自体は2次元の情報ということになりますが、2台以上のビデオカメラを特別な方法で同時に用いることによって、3次元の情報を得ることもできます。

　1mのまっすぐな棒など、すでに長さがわかっているものをビデオに映しこんでおくことによって、そのビデオに映された人の身体の位置変化がわかります。身体の、例えば手首や肘の位置変化に関する情報を取得するためには、まずコンピュータの画面上に映されたビデオ映像から、それらの座標値を専用のソフトを使って取り込む作業を行います。これをデジタイズと呼びますが、結構手間のかかるたいへんな作業です。また、ビデオ映像は完全に連続であるわけではなく、静止画像を短い時間間隔でつづけて撮影し、その1枚1枚の静止画像を連続して表示することによって動画になっています（ちょうどこの本の右ページにあるパラパラ漫画のようなしくみです）。ビデオカメラによって1秒間に撮影される静止画像の数が決まっていますので、この数から時間に関する情報を得ることができます。最近はビデオ映像でなく、特殊なカメラを使って身体に貼り付けたマーカーの3次元空間の座標値を1秒間に数百回、直接コンピュータに取り込むこともできるようになりました。

　このように位置と時間の情報があれば、「変位（距離）÷時間」で速度が、「速度÷時間」で加速度が、そして角度、角速度、角加速度といった物理量の情報が得られます。

　さらに、第2章でも述べたように、ニュートンの運動の法則で「力＝質量×加速度」という運動方程式が成り立ちますから、動作解析によって加速度が計算できれば、あとは質量の情報があれば、力を算出することが可能にな

バイオメカニクスの実験風景

（左）長さのわかっている棒を映像に映しこんでおくことにより、体操技実施時の身体の位置変化がわかる。（右）ビデオ映像から専用のソフトを使って身体の位置変化に関する情報を取得し、解析を行う。

りします。これはキネティクスの領域です。質量は、全身の質量であれば体重を測定すればよいのですが、各関節で発揮されたトルクを計算する場合などは、頭部、胴体、上腕、前腕、大腿、下腿といった身体の各部位ごとの質量の情報が必要です。この情報は、おおよその値がさまざまな研究（例えば、阿江通良：日本人幼少年およびアスリートの身体部分慣性係数, Jpn. J. Sports Sci., 15：155-162（1996））によって明らかになっていますから、それを用います。

　第4章で紹介したマット運動の前転の角運動量や、第5章で紹介した鉄棒のけ上がり・ともえ、および第7章で紹介した平行棒の車輪などの実施時において関節で発揮されるトルクは、こうした情報を用いて算出されたものです。

　このように位置と時間の情報を最初に得て、変位を時間で微分して速度を、さらに加速度を求め、これに質量に関する情報をあわせて力を算出する方法を逆動力学的手法と呼びます。

　一方で、運動中の力を直接測定し、時間で積分していくことによって位置を求める方法を順動力学的手法と呼びます。この場合には力を測ることができる装置を用いますが、80ページ図4-11においてバク転の蹴りの力を測定するのに使用した「床反力計（フォース・プレートともいいます）」がその代表的なものです。あん馬の旋回技実施の際に生じる力の測定も床反力計を用いて行われています。力を直接測ることができるものといえば、握力計や背筋力計が身近ですね。

　スポーツバイオメカニクスの研究では、逆動力学的手法でも順動力学的手法でも膨大な量の計算が必要ですが、これを可能にしているのがコンピュー

もちろん体操競技以外の種目もバイオメカニクス研究が行われていますが、芸術系の種目は研究が難しく、あまり研究が進んでいません。

タです。ここ数十年間のコンピュータの発達と普及が、スポーツバイオメカニクスの研究を飛躍的に発展させてきたといえるでしょう。

　体操競技だけに関していえば、かつては身体の移動や回転の方向が複雑ではなく、2次元平面上で行われているとみなすことができる技に関する研究が多く行われていました。鉄棒の車輪であるとか、ゆかの後転とび、宙返り、跳馬の前転とび、といった技です。近年では3次元動作分析が主流となって、ひねりをともなう技や、第7章で紹介したあん馬の旋回のような比較的複雑な技も研究の対象となっています。今後はさらに複雑で高度な技の研究も進んでいくでしょう。

　ところで私が本書のために測定を行って紹介したデータは、一人の選手を対象にしたものばかりですが、研究論文では同じ運動を実施する多くの人の測定を行うことがふつうです。そうすることによって、より多くの人にあてはまる原理原則が明らかになるからです。

　スポーツバイオメカニクスの研究は、世界中でさまざまなスポーツ種目について行われています。特定の国が他国に比べてあるスポーツで非常に高い競技力を有するケースがあります。例えば、オランダのスピードスケートはその代表的なケースですが、オランダは高い競技力と同じく、世界をリードするスケートの研究成果を誇っていました。いつの時代でも、高い競技力はスポーツバイオメカニクスをはじめとする科学的な研究によって支えられているのです。近年、わが国の国際競技力がさまざまなスポーツで高まっている背景にも、「国立スポーツ科学センター」などによる科学的な研究の成果が生かされているのです。

参考文献・参考資料

［第1章］

- 金子明友：体操競技のコーチング、大修館書店（1974）
- 田川利賢：体操競技の歴史（現代体育スポーツ大系18）、講談社（1984）
- 松本芳明：つり輪運動・平行棒運動・とび箱って誰が考えたの？、稲垣正浩 編、大修館書店（1991）
- 文部科学省：小学校学習指導要領（平成29年告示）
- 文部科学省：中学校学習指導要領（平成29年告示）
- 文部科学省：高等学校学習指導要領（平成30年告示）
- 国立教育政策研究所：教員研究情報データベース 学習指導要領の一覧（過去の学習指導要領）（https://erid.nier.go.jp/guideline.html）
- 日本體育會（日本体育会）編：日本之體育（日本之体育）、育英舎（1903）
- 文部科学省：学制百年史（http://www.mext.go.jp/b_menu/hakusho/html/others/detail/1317552.htm）
- スポーツ庁：令和元年度体力・運動能力調査の結果について、報道発表資料（https://www.mext.go.jp/sports/content/20201015-spt_kensport01-000010431_1.pdf）
- スポーツ庁：令和元年度体力・運動能力調査結果の概要及び報告書について（https://www.mext.go.jp/sports/b_menu/toukei/chousa04/tairyoku/kekka/k_detail/1421920_00001.htm）
- 文部科学省中央教育審議会：子どもの体力向上のための総合的な方策について（答申）（平成14年9月30日）（https://www.mext.go.jp/b_menu/shingi/chukyo/chukyo0/toushin/021001.htm）（2002）
- 文部科学省：スポーツ振興基本計画（平成13年度〜23年度）（http://www.mext.go.jp/a_menu/sports/plan/06031014.htm）
- 文部科学省：文部科学大臣諮問理由説明（平成13年4月11日）（http://www.mext.go.jp/b_menu/shingi/chukyo/chukyo0/toushin/010401.htm）
- 文部科学省：スポーツ基本計画の全体像（https://www.mext.go.jp/component/a_menu/sports/detail/__icsFiles/afieldfile/2014/03/13/1319359_1.pdf）

バイオメカニクス研究に関する学会としては、日本バイオメカニクス学会があります。現在では1000名を超える会員数になりました。

- 宮下充正：子どものからだ、東京大学出版会(1980)
- 武藤芳照：スポーツ少年の危機、朝日新聞社(1985)
- 武藤芳照、深代千之、深代泰子：子供の成長とスポーツのしかた、築地書館(1985)
- スポーツ庁：令和元年度全国体力・運動能力、運動習慣等調査結果 (https://www.mext.go.jp/sports/b_menu/toukei/kodomo/zencyo/1411922_00001.html)
- スポーツ庁：平成30年度体力・運動調査結果の概要及び報告書について (https://www.mext.go.jp/sports/b_menu/toukei/chousa04/tairyoku/kekka/k_detail/1421920.htm)
- スポーツ庁：平成29年度体力・運動調査結果の概要及び報告書について (https://www.mext.go.jp/sports/b_menu/toukei/chousa04/tairyoku/kekka/k_detail/1409822.htm)

[第2章]
- 長澤純一：スポーツと体力．村岡 功 編著、新・スポーツ生理学、市村出版(2015), pp.12-24
- 大築立志：スポーツとスキル．村岡 功 編著、新・スポーツ生理学、市村出版(2015), pp.1-11
- e-Stat政府統計の総合窓口(https://www.e-stat.go.jp/stat-search/files?page=1&toukei=00402102&tstat=000001088875)

[第4章]
- 佐藤友樹、土屋 純：マット運動における「前転ファミリー」の技の評価に関する研究．スポーツ科学研究、11: 159-170(2014)
- 金子明友：教師のための器械運動指導法シリーズ2.マット運動 第3版、大修館書店(1986)
- 文部科学省：小学校学習指導要領(平成29年告示)解説【体育編】 (https://www.mext.go.jp/component/a_menu/education/micro_detail/__icsFiles/afieldfile/2019/03/18/1387017_010.pdf)
- Hwang,I., G.Seo, Z.C.Liu：Takeoff mechanics of the double backward somersault. International Journal of Sport Biomechanics, 6:177-186(1990)
- 内丸 仁：スポーツとウオームアップおよびクーリングダウン．村岡 功

編著、新・スポーツ生理学、市村出版(2015), pp.116-124

[第5章]

・Arampatzis, A., Bruggemann, G.-P.: Mechanical energetic processes during the giant swing exercise before dismounts and flight elements on the high bar and the uneven parallel bars. Journal of Biomechanics, 32: 811-820 (1999)
・金子明友:教師のための器械運動指導法シリーズ3. 鉄棒運動(初版)、大修館書店(1984)
・土屋 純、村田浩一郎、金久博昭、福永哲夫:鉄棒運動におけるけ上がりの運動技術に関する研究. トレーニング科学、16: 15-21(2004)
・山田 哲、阿江通良、藤井範久:け上がりの習得過程における肩および股関節トルクの変化. Japanese Journal of Biomechanics in Sports and Exercise, 7: 43-53(2003)
・Tsuchiya, J., Murata, K., Fukunaga, T.: Kinetic analysis of backward giant swing on parallel bars. International Journal of Sport and Health Science, 2: 211-221 (2004)

[第6章]

・金子明友:教師のための器械運動指導法シリーズ1. とび箱・平均台運動(初版)、大修館書店(1987)
・文部科学省:学校体育実技指導資料 第10集「器械運動指導の手引」(https://www.mext.go.jp/a_menu/sports/jyujitsu/1356152.htm)

[第7章]

・Fujihara, T., Takafumi, F. Pierre, G.: Biomechanical analysis of circles on pommel horse, Sports Biomechanics, 8: 22-38 (2009)
・Markolf, K.L., Shapiro, M.S., Mandelbaum, B.R., Teurlings, L.: Wrist loading patterns during pommel horse exercises. Journal of Biomechanics, 23: 1001-1011 (1990)
・Sprigings, E.J., Lanovaz, J.L., Russell, K.W.: The role of shoulder and hip torques generated during a backward giant swing on rings. Journal of Applied Biomechanics, 16: 289-300 (2000)

『日本之體育』には明治時代に行われていた運動や用いられていた運動器具について記されています。現在に近いあるいはそれ以上のことが行われていたのには驚かされます。

・Gorosito, M.A: Relative Strength Requirement for Swallow Element Proper Execution: A Predictive Test. Science of Gymnastics Journal, 5: 59-67 (2013)

[第10章]
・ラズモフスキー・ヴィクトル：女子体操競技のトレーニング方法の基本的コンセプト．財団法人日本体操協会 編、女子体操競技トレーニングの手引き、アイオーエム(1995)

索　引

著者紹介

土屋　純　　博士（人間科学）

1986 年早稲田大学教育学部教育学科体育学専修卒業、1989 年東京
大学大学院教育学研究科体育学専攻修士課程修了、1991 年東京大
学大学院教育学研究科体育学専攻スポーツ科学専修博士課程退学。
早稲田大学人間科学部スポーツ科学科助手、同専任講師、同助教授
などを経て、早稲田大学スポーツ科学学術院教授。早稲田大学体操
部監督、日本オリンピック委員会強化スタッフ。専門はコーチング、
スポーツ運動学、スポーツバイオメカニクス。

NDC 781　　　191 p　　　21cm

体操競技のバイオメカニクス

2021 年 6 月 25 日　　第 1 刷発行

著　者　　土屋　純
発行者　　髙橋明男
発行所　　株式会社　講談社

　　　〒 112-8001　東京都文京区音羽 2-12-21
　　　　　　販　売　(03) 5395-4415
　　　　　　業　務　(03) 5395-3615

編　集　　株式会社　講談社サイエンティフィク

　　　代表　堀越俊一

　　　〒 162-0825　東京都新宿区神楽坂 2-14　ノービィビル
　　　　　　編　集　(03) 3235-3701

本文データ制作　株式会社双文社印刷
カバー・表紙印刷　豊国印刷株式会社
本文印刷・製本　株式会社講談社

Printed in Japan

ISBN 978-4-06-523807-3